COSMIC YOGA

Inhalt

Namasté

Bücher werden geschrieben.
Oder sie werden geboren.

Dieses hier wurde geboren. Aus meiner Leidenschaft zu Yoga, der für mich Freudentanz ist. Beflügelnd, leuchtend, bunt. Im Bewusstsein, dass in jedem Augenblick das ganze Universum in unserem Leben liegt. Sich diesem lebendigen Strom hinzugeben, diese allumfassende Einheit zu erfahren, bringt unsere verborgenen Kräfte zum Strahlen. Und brachte mir – »Cosmic Yoga«, nach meinem ersten Buch »Yoga-Welten«. Beide sind mir schöpferische Inspiration für meine Yoga-Praxis und meine Yoga-Klassen zugleich, schließen mir immer tiefere Dimensionen auf. Mit Freude spüre ich, wie eines mit dem anderen spielt – in grenzenloser Kreativität. Mit Freude gebe ich es weiter an dich – möge der kosmische Funke überspringen!

»Cosmic Yoga«, ein Tanz mit dem Universum
»Cosmic Yoga«, eine – meine – Lovestory.

Eintauchen in Indien, seine Götterwelt, seine Menschen hat mich stets berührt. Überraschend, magisch, spirituell: Der Zauber meiner letzten Reise, er liegt in diesem Buch! Krishna, der mir in Rajasthan so nahe kommt, wo ein Brahmane für uns den schlafenden Gott weckt, für uns allein seinen geschlossenen Tempel erleuchtet. Oder Hanuman, der Affengott. Mir bislang fern. Mit diesem Buch habe ich ihn ganz tief, ganz neu entdeckt. In seiner Hingabe, seiner Liebe, seinem kraftvollen Mut! Von seinem Spirit ruht viel über der Entstehung von »Cosmic Yoga«. Und dann schließlich Ranakpur – mit unserem Guide, Mr. Om (!), pilgern wir in die Berge, zwischen wildlaufenden Pfauen und Affen geht es hoch und höher, um am Ende mitten im Nirgendwo, ganz unerwartet in die Felsen-Kopfkrone Shivas aufzusteigen. Ein unbeschreibliches Glücksgefühl an diesem Ort angekommen zu sein, dort eine Puja zu zelebrieren. Zeitlosigkeit … tiefer Frieden … Shanti, Shanti. So ist dieses Buch geschrieben für das Universum in uns, das wachsen möchte. To the cosmos rising in all of us. Mögen wir uns beständig weiterentwickeln in allem, was wir tun und darin, wie wir der Welt begegnen. Gute Reise! Namasté.

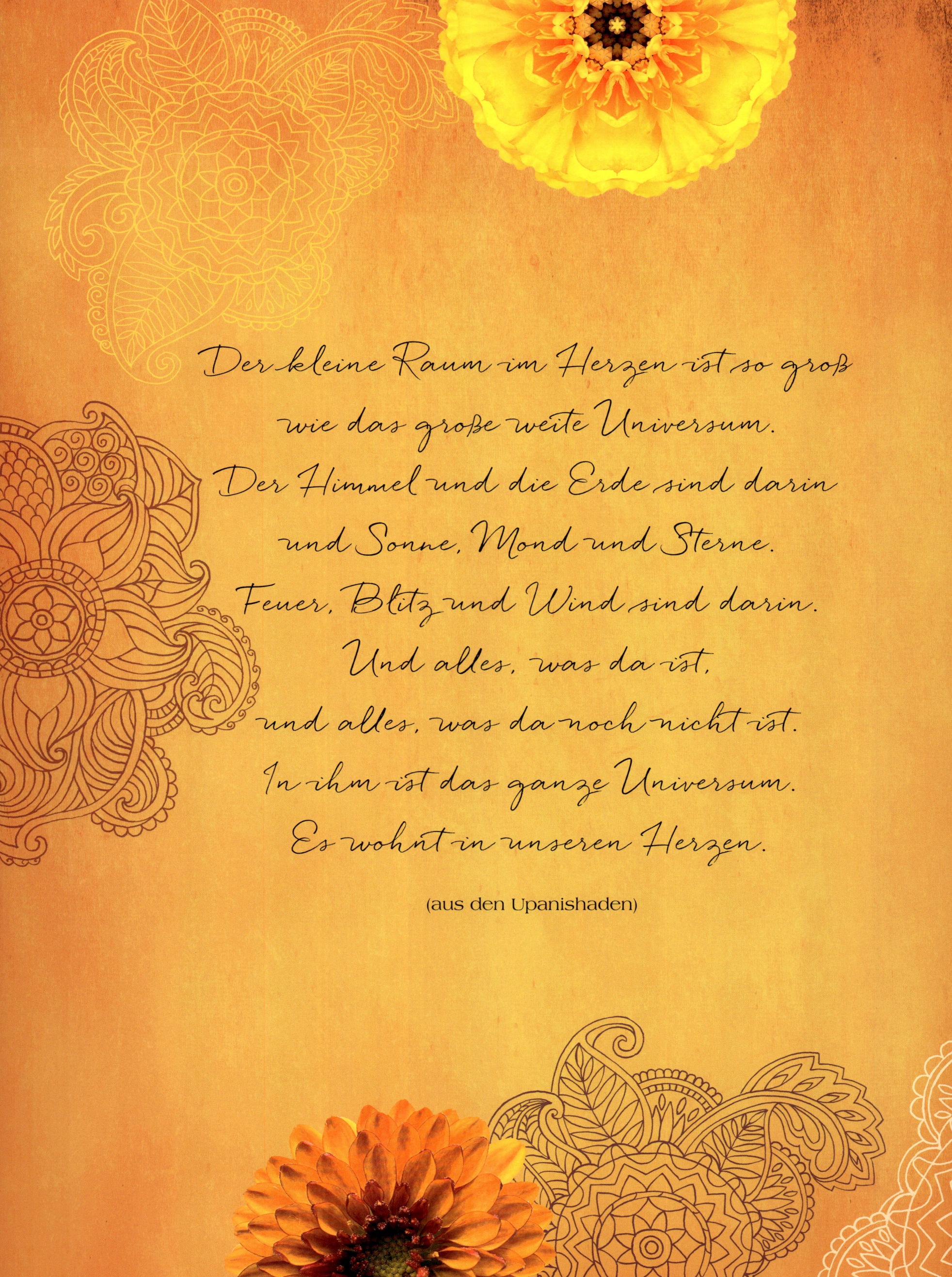

Der kleine Raum im Herzen ist so groß
wie das große weite Universum.
Der Himmel und die Erde sind darin
und Sonne, Mond und Sterne.
Feuer, Blitz und Wind sind darin.
Und alles, was da ist,
und alles, was da noch nicht ist.
In ihm ist das ganze Universum.
Es wohnt in unseren Herzen.

(aus den Upanishaden)

Cosmic Spirit – Cosmic Yoga

Götter & Planeten

Sonne
Surya
Lebenskraft

Saturn
Hanuman
Willenskraft

Venus
Devi
Innere Göttin

In der leuchtenden Vielfalt des indischen Götteruniversums haben sieben göttliche Kräfte in der Welt der Himmelskörper und Planeten ihre Entsprechung gesucht und gefunden. Sie entfalten in diesem Zusammenspiel besondere Energien, spiegeln zentrale Lebensthemen, die uns tief berühren. Und nicht nur das – auch der Dimension »Zeit«, dem rhythmischen Fluss der Rituale geben sie ein unverwechselbares Gesicht: So huldigt man ihnen – teils in ganz Indien, teils in bestimmten Regionen des Landes – an speziellen, ihnen zugedachten Wochentagen: SURYA, Sonnengott, strahlendes Juwel am Himmel, Spender goldener Lebenskraft, eröffnet die Woche mit dem ersten Tag, dem Sonntag. SHIVA, Herr des Yoga, ist dem Mond zugewandt. Ihm gehört der Montag, der Mond-Tag. GANESHA, Beseitiger der Hindernisse, spiegelt sich im Kraftspender Mars, dem der Dienstag geweiht ist. KRISHNA,

Mond
Shiva
Wandel & Erneuerung

Mars
Ganesha
Anfang & Gelingen

Bote purer Lebensfreude, verbindet sich mit der geflügelten Leichtigkeit des Merkurischen. Sein Tag ist der Mittwoch. Der Donnerstag wiederum ist keinem Gott, sondern geistigen Lehrern und Horizonterweiterern zugedacht: den Gurus. Wie Jupiter, das Leitgestirn dieses Wochentages, steht **GURUDAY** für spirituelle Fülle und Erleuchtung, nach der wir streben. Der sechste Tag der Woche – er pulsiert strahlend in den Händen der Göttin **DEVI**, die das Venusprinzip in sich trägt, das weiblich Schöpferische und alle Göttinnen Indiens in uno personifiziert. Kraftvoll beschließt Gott **HANUMAN** die Woche. Wie Saturn, der Planet für konsequentes Tun, handelt Hanuman in mutiger Hingabe angesichts der Aufgaben, die sich ihm stellen. Der Samstag ist in ganz Indien sein Tag. **COSMIC YOGA** möchte uns diese Kraftquellen aufschließen – Willkommen!

Merkur
Krishna
Lebensfreude

Jupiter
Guruday
Spirituelle Fülle

Magic 7

Die Zahl 7 ist im Hinduismus voller Symbolkraft: 7 Wege des Yoga, 7 Chakren, 7 Bewusstseinsstufen. Sie gilt als Zeichen des Himmels, denn 7 große Gestirne waren seit jeher mit bloßem Auge zu sehen: Merkur, Venus, Mars, Jupiter, Saturn, Sonne und Mond. Die kultische Verehrung dieser heiligen 7 Planeten und Himmelskörper stammt aus Babylonien und schuf die Grundlage für die Benennung der Wochentage. Auch andere Kulturen entwickelten ihr Symbol der 7, wie zum Beispiel Griechenland: Hier bündeln die 7 Weisen alle Essenz an Wissen, Moral und Visionen. In der Bibel dauert die Schöpfung 7 Tage mit dem Sabbat, dem heiligen 7. Tag. Die 7 – eine archaische, kulturumspannende Energie – umgibt diese magische Zahl durch Zeit und Raum.

Yoga ist ein Gebet mit unserem Körper

TOR ZUM KOSMISCHEN BEWUSSTSEIN

Wie sehr Yoga Schlüssel zum eigenen, vor allem dem noch unbekannten Ich sein kann, wird spürbar, wenn wir uns dem Rhythmus Indiens und seiner über 3000 Jahre alten Spiritualität hingeben. Die Wege sind vielseitig und ergeben doch eine Einheit, wenn Lernen, Körperbeherrschung, Atmen, Dienen, Meditieren in Körper- und Geistesarbeit zusammenfließen. YOGA, als Weg zu universellen Wahrheiten, zielt auf die Vereinigung der individuellen Seele, Atman, mit dem kosmischen Bewusstsein, Brahman. In der spirituellen Vollkommenheit, nach der wir streben, spiegelt sich die Vollkommenheit des Kosmos. YOGA führt uns zu uns selbst.

Er lehrt uns, die eigenen Grenzen zu entdecken und sie im Vertrauen auf uns selbst auszudehnen. Lädt uns ein, in das eigene Ich und gleichzeitig in eine übergeordnete, zeitlose Welt zu reisen und beide Erfahrungsebenen miteinander zu verbinden. YOGA ist eine Brücke zwischen Präsenz und Transzendenz, zwischen Ost und West, Ich und All, YOGA ist göttlich und zutiefst menschlich. Seine Kraft findet eine Form, die jeder für sich individuell nutzen kann. Alles kann, nichts muss.

YOGA schickt uns auf eine Reise in die unendliche Weite des Kosmos, um uns selbst zu finden, den Ursprung, den Anfang, das Ende und immer wieder den Neubeginn.

Sonne
Surya
Lebenskraft

Die Sonne –
das Herz des Himmels

»VON ALLEM WAS IST, WAR UND SEIN WIRD, VON ALLEM WAS SICH BEWEGT ODER UNBEWEGLICH
BLEIBT, IST EINZIG DIE SONNE DER ANFANG UND DAS ENDE.« (Brad-Devata, 1.61)
SURYA, PERSONIFIZIERTE SONNE, DER SONNENGOTT, WIE ER SCHON IN DEN VEDEN,
DEN HEILIGEN SCHRIFTEN DER HINDUS, BESCHRIEBEN WURDE, IST DER KOSMISCHE HERR
HINTER UNSEREM SONNENSYSTEM, DER DIE ERDE UND EIN LEBEN AUF IHR ÜBERHAUPT ERST
MÖGLICH MACHT. SEIN LICHT SOLL UNS ERLEUCHTEN, UNS SEHEND MACHEN UND ALLE
DUNKLEN WINKEL UNSERES EGOS REINIGEN.

Alle alten Kulturen wussten um die lebenszentrale Bedeutung der Sonne und verehrten sie deshalb auch in Form von Göttern. Die Sehnsucht nach der nie erschöpflichen Energie des mächtigen Himmelskörpers war immer schon Ziel aller spirituellen, schamanischen, religiösen, astrologischen und eben auch yogischen Traditionen gewesen. Sie strebten danach, hinter der göttlichen Kraft die Weisheit, Anmut und Mildtätigkeit zu verstehen, durch ein Tor gehen zu dürfen, hinter dem eine höhere Wirklichkeit zu erwarten war. Die Sumerer verehrten dafür Sonnengott Utu, bei den Babyloniern sorgte Schamasch dafür, dass seinem Strahlen nichts verborgen blieb. Im Nordischen Sagenkreis lenkte die Göttin Sol ein Gespann. Für Mayas, Inkas und Azteken waren die Sonnengötter Hauptgottheiten. Die bronzezeitliche Scheibe von Nebra belegt sowohl den Aspekt der Himmelsbeobachtung wie auch der religiösen Sonnenverehrung. Im antiken Griechenland wurde Gott Helios als Pferde führender mächtiger Wagenlenker in der Himmelshülle verortet. Die Griechen waren es allerdings auch, die zum ersten Mal die Sonne als physikalisches Phänomen betrachteten. Das heliozentrische Mythenbild der Urvölker geriet unter Druck und wandelte sich zum geozentrischen, bei dem die Sonne samt Mond und Sternen eine der Erde dienende Rolle spielte. Tatsächlich sollte es noch lange, bis Galileo Galilei dauern, bis das heliozentrisches Weltbild wieder in den Mittelpunkt rückte, wenn auch dann »nur« astronomisch. Der Mythos Sonne, das Spirituelle hinter der sagenhaften Himmelskraft, gerät seither allzu oft in Vergessenheit.

Im Hinduismus hat die Sonne im wahrsten Sinne des Wortes ihre mythische Strahlkraft nie verloren. In den Upanishaden kann man lesen, dass die Sonne AUM chantet, während sie sich rhythmisch am Himmel bewegt. Die Veden, die mit dem klassischen Yoga eng verbunden sind, basieren auf einer Religion der Sonnensymbolik, einer Religion des Lichts. Sie ehren die Sonne als höchste Gottheit, ja, die Sonne ist das Gesicht Gottes. Die vedischen Mantras selbst sollen in den Sonnenstrahlen gewohnt haben. Blitz und Feuer sind die sichtbaren Zeichen der göttlichen Atmosphäre. Die Sonne ist das Herzstück unserer Welt.

Führe mich von der Dunkelheit zum Licht. (Upanishaden, 1.3.28)

Die Welt kreist um die Sonne in Suryas segnender Hand (links). Und von einer Tempelmauer strahlt der Sonnengott schützend herab (oben).

I'm a part of the sun
as my eye is part of me. (D. H. Lawrence)

DIE GÖTTLICHE SIEBEN

Surya fährt auf einem Wagen, der von sieben Pferden gezogen wird. Mit diesem Siebengespann nimmt der Herrscher des Lichts jene Numerologie vorweg, die untrennbar mit Yoga und dem Hinduismus verbunden ist. Jedes Pferd steht für einen Tag der Woche, für eine der sieben Bewusstseinsstufen, für eine der sieben Tugenden Glaube – Hoffnung – Liebe – Klugheit – Mäßigung – Tapferkeit – Gerechtigkeit. Ist aber eben auch ganz eng mit Yoga verbunden, steht für die sieben Chakren, oder siebenmal ein Mantra chanten. Surya selbst thront in der Mitte des vierarmigen Sonnenrads, der Swastika, um das sich das All dreht, nach vedischer Vorstellung die Menschenwelt, Götterwelt, Dämonenwelt, Tier- und Geisterwelt. Ebenfalls im vedischen Sinn symbolisieren die Speichen die Sonnenstrahlen, so wie in vielen anderen mehr als 3000 Jahre alten Kulturen auch.

Gehuldigt wird Surya, dem strahlenden Gott, in der Lichterzeremonie Arti. Durch das Lichterschwenken vor dem Altar wird Surya sein Opfer gebracht. Möge er spirituelle Erleuchtung bringen und mit seinen Strahlen alle negative Energie verbrennen. Mit Mantras wird er in seiner göttlichen Kraft angerufen. Das Überstreifen der Flamme schließlich reinigt den Geist, hilft bei der Aufnahme von Licht und soll das dritte Auge erwecken.

Möge das
höchste Licht
die Herzen aller
erleuchten

Das Licht in dir
ist das Licht
für Andere

(J. Krishnamurti)

Du Sonne

die du die Wahrheit
mit deiner goldenen Scheibe verdeckst,
nimm hinweg den Schleier
auf dass ich die Wahrheit sehe, die in dir ist.
Ich habe die Wahrheit erkannt, die in dir ist,
ich habe den wahren Sinn deiner Strahlen
und deiner Herrlichkeit erkannt
und habe das gesehen, was in dir scheint.
Die Wahrheit in dir sehe ich,
und was in dir ist, ist in mir,
und ich bin das.

(aus den Upanishaden)

Dein Sonnengruß

Kosmisch-goldene Energie für Körper und Geist

Pranamasana
1 Om Hram Mitraya Namaha.
Verehrung dem göttlichen
Freund in allem.

12 Om Hraha Bhaskaraya Namaha.
Verehrung dem,
der zur Erleuchtung führt.

Hasta Uttanasana
Raised Arms Pose
Om Hraum Arkaya Namaha.
Verehrung dem, der ist,
um verehrt zu werden.

Hasta Uttanasana
Raised Arms Pose
Om Hrim Ravaye Namaha.
Verehrung
dem Strahlenden.

Padahastasana
Hand To Foot Pose
Om Hraim Savitre Namaha.
Verehrung dem
schöpferischen Gott.

Padahastasana
Hand To Foot Pose
Om Hrum Suryaya Namaha.
Verehrung dem,
der Lebenskraft schenkt.

Tauche ein

in strahlende Energie, die deine Kraftquellen aufschließen und deiner Seele weiten Raum geben wird. Mit dem Sonnengebet, einer archaischen Übungspraxis, einer Sadhana von tiefspiritueller Dimension verbindest du dich unmittelbar mit dem Puls des Universums. Gekrönt wird Surya Namaskara durch die heiligen Sonnenmantras mit Bija-Mantras, die du zu den Asanas chantest. Sie machen Surya Namaskara zu einer ganzheitlichen spirituellen Erfahrung aus Asana, Pranayama und Mantras. Beschließe deine Sadhana-Praxis mit der Visualisierung einer leuchtend-goldenen Sonne, die dich mit ihren belebenden und heilenden Strahlen durchdringt. Empfange kosmische Power für Körper und Geist.

Ashwa Sanchalanasana
Reiterhaltung
Om Hrum Adityaya Namaha.
Verehrung dem Sohn Aditis,
der kosmischen Mutter.

Ashwa Sanchalanasana
Reiterhaltung
Om Hraim Bhanave Namaha.
Verehrung dem,
der alles mit Licht
erfüllt.

Adho Mukha Svanasana
Herabschauender Hund
Om Hrim Marichaye Namaha.
Verehrung dem Gott
der Morgenröte.

Adho Mukha Svanasana
Herabschauender Hund
Om Hraum Khagaya Namaha.
Verehrung dem, der sich kraftvoll
am Himmel bewegt.

Bhujangasana
Kobra
Om Hram Hiranyagarbhaya Namaha.
Verehrung dem
golden-kosmischem
Selbst.

Ashtanga Namaskara
Gruß mit acht Gliedern
Om Hraha Pushne Namaha.
Verehrung dem,
der Stärke verleiht.

Pranamasana

Hasta
Uttanasana

Hasta
Uttanasana

Padahastasana

Padahastasana

Surya Namaskara

Salutation
to the Sun

Ashwa
Sanchalanasana

Ashwa
Sanchalanasana

Adho Mukha
Svanasana

Adho Mukha
Svanasana

Bhujangasana

Ashtanga
Namaskara

Parighasana
Tor zum Kosmos

Erwecke die Sonne in dir

Die Sonnenverehrung kennt viele Formen, die körperliche bringt uns mit allen Sinnen, mit Haut und Haaren und jeder Faser unseres Seins der unerschöpflichen Energie der Sonne näher. Mit der Yogaposition Parighasana, dem Tor, wird unser Bewusstsein geweitet. Es zeigt uns unseren Platz in der Welt. Wird es beidseitig geübt, so kann Prana strömen, die göttliche Lebenskraft. Ziel der Asana ist die vollkommene Harmonie mit dem Kosmos, indem wir uns auf den schöpferischen Himmelskörper besinnen, der mit seiner Lichtkraft den Rhythmus der Jahreszeiten bestimmt und damit Wachsen, Leben und Gedeihen erst ermöglicht.

Beste Zeit für spirituelle Praxis ist Brahmamurtria, die Stunde des Brahman, die den Zeitraum von 4 bis 6 Uhr morgens einschließt. Sonnenaufgang aber auch Sonnenuntergang sind besonders intensive Zeiten, um den Körper mit Licht und Energie aufzuladen. Wird eine Asana an einem besonderen Kraftort abgehalten, verstärkt sich ihre lebensbejahen-de, bewusstseinserweiternde Wirkung. Die Vier-Jahreszeitentore im Pfauenhof des Stadtpalastes in Jaipur, Rajasthan sind genau so ein energetischer Ort.

Sie versinnbildlichen Raum und Zeit, sind Tore zum Himmel und den Yogagöttern. Jedem einzelnen ist eine Jahreszeit, eine Himmelsrichtung und ein Gott zugeordnet: Das grüne, wellengemusterte Tor steht für den Frühling und Ganesha. Das Lotustor für den Sommer, Shiva und Parvati. Das Pfauentor für den Herbst und Shiva. Das Rosentor für den Winter und Devi. Mit einer Asana an diesem besonderen Platz machen wir uns offen und weit in alle Richtungen und ruhen doch weiterhin leuchtend in unserer schöpferischen Mitte.

*Gegrüßet sei der Sonnengott,
der Herr allen Lebens.*

Juwel am Horizont

Huldigungen an das Auge des Himmels

BEI SONNENAUFGANG, IM WASSER STEHEND, DEN GROSSEN MÄCHTIGEN LICHTSPENDER
SONNE MIT EINEM MANTRA ANZUSPRECHEN, IST WOHL EINE DER KRAFTVOLLSTEN
MANTRA-YOGA-PRAKTIKEN. DABEI WERDEN DIE HÄNDE ZUR SCHALE GEFORMT UND
DEM HIMMEL ENTGEGENGEHALTEN. BEIM CHANTEN DES GAYATRI-MANTRAS, DAS ZU DEN
HEILIGSTEN MANTRAS DER VEDISCHEN KULTUR ZÄHLT, DIE MIT DER SONNE VERBUNDEN SIND,
WIRD KLANG ZU LICHT, ENERGETISIERT DURCH DIE MACHTVOLLE FEUERKUGEL.

Sonnensteine

Die Sonne als das »Juwel am Himmel«
energetisiert auch Mineralien und Me-
talle. Die mischkristallinen Sonnensteine
dienen als Lichtspender, wenn das Leben
seine Süße verloren hat, sie reinigen alle
Chakren und entfachen Mut. Der Dia-
mant lässt das Licht der Seele erstrahlen,
fördert die spirituelle Entwicklung und er-
innert an die Sehnsucht der eigenen Seele. Er muss nie aufgeladen werden. Gold
bringt pures Licht. Nah am Hals getragen,
erreicht es alle Organe und alle Chakren.
Es öffnet uns neue Wege.

Om Bhur Buvah Svah
Tat Savitur Varenyam
Bhargo Devasya Dhimahi
Dhiyo Yo Nah Prachodayat

Wir verehren das reine göttliche Sein,
wir meditieren über dem Glanz des Göttlichen,
das unseren Geist erleuchten möge.

Mond
Shiva
Wandel & Erneuerung

Shiva, Herr des Yoga

EINATMEN, AUSATMEN, IM VOLLKOMMENEN RHYTHMUS, BIS MAN IN VÖLLIGER REINHEIT MIT DEM ATEM VERSCHMILZT. DIE VOLLKOMMENHEIT TRÄGT SEINEN NAMEN, ER IST DIE VOLLKOMMENHEIT. IN SHIVA, DEM ZERSTÖRER UND ERNEUERER ERFÜLLT SICH DER SCHÖPFUNGSZYKLUS. ER IST DER GOTT DES YOGA UND WIE SEIN KOSMISCHER ENTSPRECHER NEPTUN BRINGT ER UNS DIE ERLÖSUNG.

Immer wieder werden neue Worte gesucht, um Shiva in seiner großen Allmacht, seinem Allwissen zu verehren. Die Bilder, die zu seinem Mythos beitragen, sind von einer sinnlichen Größe: Shiva, der große, ja größte Asket, meditiert auf dem Berg Kailash Millionen Jahre nahezu unbewegt. Nur selten öffnet er ein Auge, formt dabei die Braue sichelförmig und schließt es wieder. Die Mondsichel über dem Auge ist sein Zeichen in Darstellungen, der Montag, Mond-Tag, sein geheiligter Tag und auch der hell-orange leuchtende Tag des Yoga – denn der Mond reflektiert das Licht der Sonne.

Ja, Shiva, der Gnädige, ist der größte Yogi, da er, als Herr des Universums, die Kraft hat, alles mit einem pulsierenden Wandel zu belegen. Vom Niederreißen des Gewohnten bis hin zur Erweckung bislang nie gedachter Gedanken und Visionen. Für Freigeister ist Shiva die Erfüllung, denn er kennt keine Grenzen. Doch nur wer durch alle Stufen der Meditation gelernt hat, ihn, den Kompromisslosen, auszuhalten, wird seine Kraft nutzen können. In seiner irdischen Form ist der heilige Lingamstein, die abstrakte Form des Phallus, sein Symbol. Das Zeichen für die Ewigkeit, denn durch Fort-

Shiva öffnet gnadenspendend seine Hände. (Henri le Saux)

pflanzung wird das Wesen Shivas weitergetragen, entsteht jene machtvolle Vielfalt, die Unendlichkeit kennzeichnet. Shiva bringt Glück, aber auch Zerstörung, wenn das Dunkle der Erfüllung im Weg steht. Deshalb ist seine Aura auch so urgewaltig, sie kann uns aus der Verstrickung der Täuschungen befreien und gibt so die Möglichkeit, Glück zu empfangen. Shiva, Mahadev, aus seinen Locken ergießt sich der Fluss Ganges – jener heilige Strom, der jedes Jahr Abertausende von Gläubigen zu Badenden im kosmischen Urstrudel macht. Er bestimmt Ebbe und Flut und führt uns auf den Weg der Vollkommenheit.

Shivas schützende Hand mit dem Zeichen OM. Im *Om Namah Shivaya* – jenem stärksten Mantra des Hinduismus – entfaltet es kraftvolle Klangenergie.

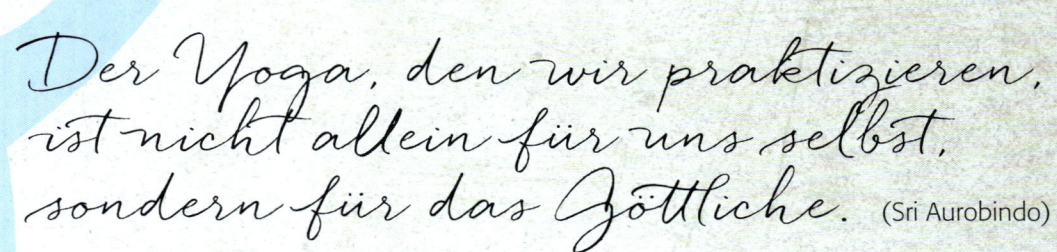

Der Yoga, den wir praktizieren, ist nicht allein für uns selbst, sondern für das Göttliche. (Sri Aurobindo)

WELTENRETTER – WELTENZERSTÖRER

Von Shiva, dem mächtigsten Gott, Herrn der Zeit, geht eine kraftvolle Symbolik aus, die sich auch in Malerei und Skulptur zeigt. Trishula, der Dreizack, ist wohl sein stärkstes Attribut. Auf einem langen Stab senkrecht aufgerichtet verkörpert er die Achse des Universums. Die Sanduhrtrommel, Damaru, bringt Shivas Ur-Kraft bebend zum Ausdruck. Schlägt er die Trommel kann er das ganze Universum durcheinander rütteln, ins Chaos stürzen und wieder erstehen lassen. Das Instrument begleitet ihn als kosmischen Tänzer, als Nataraja. So zeigt er seine unberechenbare Doppelnatur. Der Dreizack

hat vielfache Bedeutungen der Trinität, wie Körper – Fühlen – Denken oder Erschaffung – Erhaltung – Zerstörung.

Begleitet wird Shiva von seinem heiligen Reittier Nandi, das behäbig und doch jähzornig eine ähnliche Doppelnatur wie Shiva hat und seinem Herren treu ergeben ist. Vor jedem Shiva-Lingam und Shiva-Heiligtum wacht der weiße Stier. Allein sein Fußtritt ist heilig, denn er verheißt Glückseligkeit. Andere Darstellungen zeigen Shiva mit einer halben Mondsichel auf dem Kopf, die dem üppigen Haargeflecht entspringt, das häufig aschegrau in ungezähmten Wellen von Shivas Kopf fällt.

WEISHEIT, DIE KEINEN ORT
UND KEINE STUNDE KENNT

Senkrecht verläuft ein Zeichen auf Shivas Stirn. Mit diesem dritten Auge durchschaut Shiva Gegenwart, Zukunft und Vergangenheit. Gleichzeitig beleuchtet das Auge die Erde, Himmelsregionen und das Universum, denn es ist Sonne, Mond und Feuer. Ausgestattet mit dieser transzendentalen Weisheit ist Shiva weder an Raum noch Zeit gebunden. Sein Blick richtete sich nach innen und bedeutet Kontemplation. Gleichzeitig demonstriert Shiva Androgynität und trägt deshalb am rechten Ohr einen männlichen, am linken einen weiblichen Ohrring. Auch seine Gesichtszüge sind geschlechtlich nicht klar zu verorten. Shivas Seele aber ist ein Prachtgarten, darin wachsen all unsere Wünsche, Hoffnungen und Träume – die Blumen sind ihr Symbol. Wer Shiva ein Seelenblütenopfer bringen möchte, pflückt ihm frische Wildblumen, jedoch ohne daran zu riechen, denn der Duft ist allein Shiva vorbehalten.

Um Shivas blau gefärbten Hals windet sich eine Schlange. Die blaue Farbe blieb ihm, als er das Gift trank, das die Welt zerstören sollte. Die Schlange, eine Kobra, ist in der indischen Mythologie ein göttliches Wesen und Fruchtbarkeitssymbol, alle kosmische Schöpfung ist ihr Element. Noch heute ist die Schlange nach der Kuh das meist verehrte Tier und wird angerufen bei Kinderwunsch.

Rudraksha-Meditation

Wer mit einer Mala, einer Gebetskette aus Rudraksha-Nüssen meditiert, wird all seine sieben Chakren reinigen. 108 holy nuts in spiritueller Versenkung auf einen Faden knoten, 108-mal das *Om Namah Shivaya* chanten — mögen sie ihrem Träger zu einem ausgereiften Karma verhelfen! Er wird das Tor zur inneren Welt finden. Die Rudraksha ist sein Medium zu wunschlosem Glück.

Im leidenschaftlichen
Tanz Shivas
versinkt die ganze Welt

Kosmischer Tänzer

Als Nataraja steht Shiva inmitten eines Flammen-
kreises, der aus einem Lotussockel entspringt: ein
Symbol der heiligen Silbe OM. Der Klang der Trommel, zu
der er sich ekstatisch bewegt, wirkt als Kraft, die niederreißt
und gleichzeitig als göttliche Liebe, die alles mit Leben durchpulst. Nataraja thront mit seinem linken Bein auf dem Rücken
des bösartigen Dämons Apasmara, einem Symbol unseres
Egos. Mit seinem rhythmischen Stampfen entfesselt er
unseren Lebensmut und lässt uns unser Herzensthema
finden, eines, für das wir alles geben würden. Vier-, gar
achtarmig ist Shivas Bewegung Energie pur und der
Ort seines Tanzes das Zentrum des Universums,
von dem alle Kraft ausgeht.

Shivaratri – göttliches Hochzeitsfest

SHIVARATRI, DAS FEST DER FESTE, DIE HOCHZEIT VON SHIVA UND PARVATI –
IST DIE HÖCHSTE FEIERLICHKEIT DER HINDUS. NACH IHREM KALENDER ENDE FEBRUAR,
ANFANG MÄRZ GELEGEN, BEGEBEN SICH ZU DIESER ZEIT VIELE AUF PILGERREISE
ODER HULDIGEN DEM MÄCHTIGEN GOTT MIT GEBETEN.

Nie ist Shiva, der auch Mahadev, großer Gott, Gerufene, in besserer Gemütshaltung, nie erfährt man direkter seine Gunst, wie wenn in dieser Vollmondnacht gefastet, gewacht und nichts getrunken wird. Die reine Askese als Weg zum Göttlichen. Shiva – vergebend und hilfreich. So macht er einer Bedeutung seiner 108 Namen alle Ehre: Shiva der Gütige, der Segen. Denn in den frühen Morgenstunden des Shivaratri werden nach durchwachter Nacht die Pilger gespeist, deren dringendste Wünsche erfüllt. Überall ertönt das *Om Namah Shivaya*, während die Gläubigen die heiligen Plätze, die Lingams im ganzen Land mit Stechapfelblüten und den Blättern des heiligen Bel-Baums schmücken. An den Pflanzen voll Lebenssaft erfreut sich Shiva mehr als an Gold und Edelsteinen.

Hippie-Gott, Shiva

Shivas Haar, die Wellen des Ganges, hoch aufgetürmt und geschmückt mit Schlangen, Blumen und Rudraksha-Nüssen – dieser Kopfschmuck ist auch das Vorbild für die Dreadlocks der Hindu-Schamanen. Tief beugen sie sich über den Rauch der Sakralpflanze Ganjas, um zur Selbsterkenntnis zu gelangen. Die Hanfpflanze wurde so zur Liebesdroge der Hippies, Shiva ihr Liebesgott.

Tanzen will ich
deinen Tanz

Om Tryambakam

**Om Tryambakam Yajamahe
Sugandhim Pushtivardhanam
Urvarukamiva Bandhanan
Mrityor Mukshiya Mamritat**

Mit diesem Mantra verehren wir Shiva Tryambaka,
den dreiäugigen Gott, und öffnen die Tür, um unseren
spirituellen Weg zu beschreiten, der die Fesseln
des Irdischen löst:
OM, wir verehren Tryambaka, den Wohlduftenden,
der allen Wesen gnädig ist. Wie ein reifer Kürbis von
seinem Stiel sich löst, so möchte ich von aller Bindung
an die Welt frei werden und von der Sterblichkeit
zur Unsterblichkeit gelangen.

Dein Mondgruß

Kühlende Kraft für neuen schöpferischen Spirit

Pranamasana

1 Om Kameshvaryai Namaha.
Verehrung dem,
der Wünsche erfüllt.

14 Om Jvalamalinyai Namaha.
Verehrung dem, den
Flammen umgeben.

Hasta Uttanasana

Raised Arms Pose
Om Sarvamangalayai Namaha.
Verehrung dem, der die Quelle
aller guten Kräfte ist..

Hasta Uttanasana

Raised Arms Pose
Om Bhagamalinyai Namaha.
Verehrung dem, der
Wachstum ist.

Padahastasana

Hand To Foot Pose
Om Vijayayai Namaha.
Verehrung dem,
der stets siegreich ist.

Padahastasana

Hand To Foot Pose
Om Nityaklinnayai Namaha.
Verehrung dem,
der mitfühlend ist.

Ardha Chandrasana

Halbmond
Om Nilapatakinyai Namaha.
Verehrung dem,
der blau geschmückt ist.

Ashwa Sanchalanasana

Reiterhaltung
Om Bherundayai Namaha.
Verehrung dem Gott
mit ungezügelten Kräften.

Ashwa Sanchalanasana

Reiterhaltung
Om Nityayai Namaha.
Verehrung dem,
der ewig ist.

Ardha Chandrasana

Halbmond
Om Vahnivasinyai Namaha.
Verehrung dem,
der im Feuer thront.

Cool down

Wie der Mond, der nicht von sich aus Strahlende das Licht der Sonne reflektiert, so spiegelt auch Chandra Namaskara Surya Namaskara wider. Im Mondgruß praktizierst du dabei als besondere Ehrerbietung an das Gestirn des kosmischen Nachthimmels in der fünften und elften Position Ardha Chandrasana, den Halbmond. Dein linkes nach hinten gestrecktes Bein aktiviert Ida Nadi, Mondenergie: eine beruhigend-kühlende Kraft, die neue schöpferische Kreativität freisetzt. Besonders am Abend, wenn der Mond am Firmament aufgegangen ist, schenkt Chandra Namaskara begleitet von den Mond-Mantras spirituelles Innehalten, das dein tiefes Bewusstsein zur Entfaltung bringt. So durchwanderst du 14 Asanas: 14 für Shukla Paksha, die Tage vor Vollmond, und 14 für Krishna Paksha, die Tage nach Vollmond.

Adho Mukha Savasana

Herabschauender Hund
Om Kulasundaryai Namaha.
Verehrung dem Vortrefflichen,
dem wir in Demut
und Respekt huldigen.

Adho Mukha Svanasana

Herabschauender Hund
Om Vajreshvaryai Namaha.
Verehrung dem,
der Vajra mit sich führt.

Bhujangasana

Kobra
Om Tvaritayai Namaha.
Verehrung dem
wendig-flinken Gott.

Ashtanga Namaskara

Gruß mit acht Gliedern
Om Dutyai Namaha.
Verehrung dem,
dessen Bote Shiva ist.

Pranamasana

Hasta Uttanasana

Hasta Uttanasana

Padahastasana

Padahastasana

Ardha Chandrasana

Ashwa Sanchalanasana

Ashwa Sanchalanasana

Ardha Chandrasana

Adho Mukha Savasana

Adho Mukha Svanasana

Bhujangasana

Ashtanga Namaskara

Chandra Namaskara
Salutation to the Moon

Sat - Chit -
Ananda

Wahrheit
Bewusstsein
Freude

Loslassende Glückseligkeit

Im Sanskrit, der alten heiligen Sprache Indiens, gibt es drei Begriffe, die uns den Weg zum Himmel auf Erden weisen: SAT – CHIT – ANANDA, die Worte für Wahrheit – Bewusstsein – Freude.

In der meditativen Versenkung wie wir sie hier im Shiva-Tempel sehen, zeigen wir unsere Verehrung für den Weg der Freude, lenken den Blick auf die Welt des Inneren. Mit dem indischen Gruß *Sai sat chit ananad* bringen wir zum Ausdruck: Ich ehre dein wahres Wissen des Bewusstseins der Glückseligkeit.

Schau nach innen und sieh, wie die Mondstrahlen des Verborgenen in dir scheinen. (Kabir)

Im Vorbeugen vollziehen wir eine archaische yogische Praxis. Die frühen Yogis wandten mit dieser Position ihr Gesicht der untergehenden Sonne zu. Dehnten ihren Westen, wie es heißt. Der Westen, der nach weit verbreiteter Auffassung mit dem Sterben in Verbindung gebracht wird, bedeutet jedoch noch Tieferes: Er steht für den Zyklus von Abschied und Neubeginn. Für das Sich-Hingeben, das Loslassen, ohne das es keine Öffnung hin zu einem neuen Sein geben kann. Das Yogasutra des Patanjali, eine der wichtigsten Schriften des Yoga, beschreibt genau dies: die innere Haltung des Losgelöstseins üben. Damit finden wir zu unserem wahren Seinszustand. Denn Yoga will uns nicht außerhalb unseres Selbst führen, will nicht mit uns machen, was wir nicht ohnehin bereits schon sind.

Im heiligen Rauch der Wahrheit

Lenke meinen Blick auf die wundersame Welt des Inneren

MIT DEN DREIBLÄTTRIGEN BEL-BLÄTTERN UND -BLÜTEN LÄSST SICH SHIVA VEREHREN. SHRIPHALA, AUF SANSKRIT »DIE REICHE FRUCHT«, SO WERDEN DIE RUNDEN GESCHWOLLENEN FRÜCHTE DES BEL-BAUMS GENANNT. WENN IHRE KRAFT IN RAUCH AUFGEHT, BRINGT DIESER SHIVA DIE VERZÜCKUNG, DIE IHN STIMULIERT.

In Shiva meditieren

Für eine Shiva-Meditation eignen sich hervorragend Kampfer oder Weihrauch. Kampfer wirkt befreiend-reinigend, klärt den Geist und intensiviert Wahrnehmung und Konzentration in der inneren Versenkung. Das ur-kultische Harz Weihrauch öffnet Sinne und Geist für das Gebet und weitet unsere Empfänglichkeit für tiefe Wahrheit und Erkenntnis.

Om Namah Shivaya

Ich verneige mich vor Shiva,
der Verkörperung des Absoluten.

All good things start with Ganesha

ZINNOBERROT LEUCHTET DER PLANET MARS AM HIMMEL. MANGAL, WIE ER IN INDIEN VERHEISSUNGSVOLL GENANNT WIRD. ER IST DEN MENSCHEN SEIT JEHER SINNBILD FÜR DIE KRAFT, DIE ZUR ENTFALTUNG DRÄNGT. FÜR DEN SIEG. DEN GUTEN AUSGANG. UND SCHEINT SOMIT IN GALAKTISCHER FERNE DER HIMMLISCHE BRUDER DES LIEBLINGSGOTTES ALLER HINDUS ZU SEIN, GANESHA. EIN GOTT, DER UNS WIE KEIN ANDERER ERMUNTERT, MUTIG DEN ANFANG ZU WAGEN IM BESTEN VERTRAUEN AUF EIN GLÜCKVERSPRECHENDES ZIEL.

Wer aber ist diese Gottheit, mit dem Kopf eines Elefanten und den durchdringenden kleinen Augen voller Konzentration? Ganesha ist ein genialer Zuhörer, ein präziser Beobachter und dabei voller Humor. Für alles Kreative setzt er seinen Einfallsreichtum ein, und gerade den Mutlosen und Zögerlichen spendet er jene Eröffnungsenergien, die neue Schichten des »Seelen-Ich« freisetzen. Als Beseitiger der Hindernisse für den Neubeginn, das gute Gelingen, das Überschreiten der Schwelle von einem Zustand in den nächsten und wird all over India verehrt, wenn Menschen sich auf Reisen begeben, heiraten oder ein Haus bauen. In den Tempeln beginnt jede morgendliche Puja, jeder Gottesdienst mit einem Gebet an ihn. Er ist der Eröffner der Rituale. Voll spiritueller Wärme ruht er in Form zahlloser Statuen auf dem Lotussitz. Ganesha – Kult und Kultur. Gott zum Anfassen, und doch Universum und Verheißer, Bote zwischen dem Transzendenten und dem Irdischen.

Keep calm and trust Ganesha

Trotz seiner Leibesfülle ist seine Wendigkeit legendär. Nicht umsonst gilt er als begnadeter Tänzer und Liebhaber im Tantra, ist Körperbeherrscher und Geistbeflügler in einem. Dabei bleibt Ganesha uns irdisch vertraut. Nur allzu menschlich ist er süßen Köstlichkeiten zugetan, wie Bananen, der Brotfrucht und dem Aphrodisiakum Granatapfel. Seine Leibspeise aber sind Laddus, süße Bällchen aus Reis oder Kichererbsenmehl, die man auf vielen Darstellungen in einem Schälchen zu Füßen des Gottes wiederfindet. Sie mögen ein Symbol dafür sein, dass ihm die ganze Welt zu Füßen liegt. Und sind Hinweis auf seine schwelgerische Sinnlichkeit!

Ganesha genießt im Hier und Jetzt und weist uns immer wieder auf unser Bewusstsein im Augenblick hin. Jener Augenblick, der im kurzen Moment des Seins uns neu erleuchtet. Jener Augenblick, in dem das Gestern gegangen und das Morgen noch nicht gekommen ist. Der Meister allen Anfangs wird uns ermutigen, uns ständig neu zu erfinden. Dazu brauchen wir Kraft, die Ganesha durch Zuversicht und Vertrauen schenkt. Wenn er uns archaisch wie sein Planetenbruder Mars unterstützt, lehrt er uns das Lebensprinzip des »Anpackens«. Und er vermag uns zu erleuchten, wann immer wir im Yoga ganz in ihn eintauchen. Denn Atha ist Atem. Atha ist Jetzt.

Blumenmalas schmücken in Indien Schreine, Tempel, Altäre und Statuen. Ganesha liebt diese Pracht. Besonders wenn sie rot erblüht!

Der Bauch

Ganesha ist Genuss gewordener Gott! Und sein Bauch leibhaftiger Ausdruck dessen. Doch seine füllige Mitte ist noch mehr – sie symbolisiert das ganze Universum. In Ganesha trifft Irdisches auf Göttliches – so vereint er spirituelle Erkenntnis mit weltlichem Genuss und ist sprichwörtliches Abbild von Vollkommenheit.

Die Maus

Ganesha reitet auf Musaka, einer Maus, und er beherrscht sein Reittier! Nicht nur damit demonstriert er, dass er weltliche Bindungen und Gesetze hinter sich gelassen hat. Die kleinen Nager, die stets im Dunklen und Verborgenen leben, repräsentieren irdische Eitelkeiten, Raffgier und Hochstapelei. Im Schatten Ganeshas aber sind all diese irdischen Dämonen überwunden.

Der Rüssel

Jedes Sinnesorgan Ganeshas ist Symbol seiner Vollkommenheit. Die kleinen Augen erfassen aufmerksam kleinste Details. Die großen Ohren sind Sensoren für feinste Schwingungen. Der Rüssel symbolisiert die Fähigkeit zu differenzieren: Mit dem ebenso mächtigen wie sensiblen Organ vermag er Bäume auszureißen und gleichzeitig Feinstoffliches zu erspüren, also Materie und Geist in Einklang zu bringen.

Die Blumen

Ganesha liebt den rotblühenden Hibiskus! Dieser vermag Feindliches zu bannen und das Gelingen von Wünschen zu befördern. Auch der Lotus ist unmittelbar mit ihm verbunden. Die elegant sich rankende Wasserpflanze charakterisiert Reinheit und Erleuchtung. Auf dieser erhabenen Blüte thront der Gott allen Anfangs.

Die Arme

Die vier Arme Ganeshas bilden das Quartett des Feinstofflichen: Geist, Intellekt, Ego, Bewusstsein. Jede Hand hält ein Symbol: die Axt als Zerstörer aller Wünsche und Bindungen. Das Seil, das die Glückssuchenden aus der Verblendung hin in die Glückseligkeit zieht. Die Süßigkeiten belohnen spirituelle Anstrengungen. Und die Lotusblume verkörpert die höchste Stufe menschlicher Evolution: reine Erleuchtung.

Big mind – großer Geist

»EINE FALSCHE IDENTITÄT ENTSTEHT, WENN WIR UNS MIT DEN HILFSMITTELN DER WAHRNEHMUNG IDENTIFIZIEREN UND NICHT MIT UNSEREM WAHREN SELBST.« (Yogasutra, 11.6.) GENAU DIESE BEFREIENDE AUSRICHTUNG AUF DIE ESSENZ FÜHRT GANESHA UNS KREATIV VOR AUGEN – UND VOLLFÜHRT DABEI WAHRE QUANTENSPRÜNGE.

KOSMISCHES WETTRENNEN

Wie unter Brüdern üblich gab es auch zwischen Ganesha und seinem Bruder Skanda ab und an Streit. Eines Tages, ihre Mutter Parvati hatte die Frucht der Erkenntnis mit nach Hause gebracht, wollte jedes ihrer Kinder die Frucht sofort besitzen. Ihre Eltern Parvati und Shiva beendeten die Diskussion, indem sie den beiden Streithähnen eine Aufgabe stellten: Wer als Erster dreimal die Welt umrundet hätte, würde den Preis, also die Frucht, davon tragen. Der drahtige Skanda stürzte sich auf seinem Pfau in den Wettlauf und raste bereits das zweite Mal um den Planeten, da war Ganesha noch am Grübeln. Nicht nur zeitlich, auch körperlich konnte er mit seinem Bruder nicht mithalten. Da umrundete er dreimal seine Eltern. Als sein Bruder schließlich nach der dritten Runde wieder ankam und den Sieg für sich beanspruchte, entgegnete ihm Ganesha: »Sieh, Skanda, unsere Eltern sind das ganze Universum – und ich habe sie dreimal umrundet, und daher die Wette gewonnen.«

Jeder der beiden Brüder hatte seine Aufgabe gut bewältigt und die Eltern waren stolz auf sie. Parvati lobte beide: »Skanda du wirst von allen Menschen für deine Stärke verehrt werden, und du, Ganesha, für deine Weisheit!«

Shiva aber entschied, dass Ganesha die Frucht gewonnen hat. Als Ganesha sah, wie sehr sein Bruder darunter litt, schenkte er ihm die Frucht, statt zu triumphieren.

GÖTTLICHE KREATIVITÄT UND WEISHEIT

Den Streit um die Frage, wem die Frucht gehöre, löste Ganesha kreativ – aus Mangel an körperlicher Dynamik einerseits, aber auch aus der Frage heraus »um welche Welt es denn wohl eigentlich ginge«. Mit Skandas Schnelligkeit konnte der gemächliche Ganesha nicht mithalten, er suchte stattdessen eine Lösung, die machbar war und gab außerdem der ideellen Welt den Vorrang vor der realen. Solch hintersinnige Lösungen bestätigen Ganesha als Gott der Weisheit und der Kreativität. Seine Gabe, den Menschen »gute Anfänge« zu schenken, macht ihn zum Ideengeber und Inspirator. Ganesha als nie versiegende Quelle der guten Kräfte, verkörpert die Kreativität in weltlicher und spiritueller Sicht. Daher wird der Volksgott universal von allen verehrt, und im Besonderen von Handwerkern, Musikern, Künstlern, Wissenschaftlern, Sinnsuchenden angerufen. Glück ist durch Kreativität zu erreichen und der gütige, ideenreiche Ganesha ist eben jener mögliche Fährmann des Glücks. All sein Wirken fließt in der Silbe OM zusammen, dem Mantra für das Hinüberleiten in den höchsten Seinszustand. Welch eine Kraftquelle im ganz irdischen und auch im übergeordneten Sinne! *Om Gam Ganapataye Namaha!*

OM,
ich versenke mich
andächtig …

Quelle aller Laute

… in das ehrwürdige Licht der göttlichen
Sonne, die die Erde, den Himmel
sowie mein Innerstes durchdringt.
Möge sie mein Bewusstsein
mit Licht erfüllen

(aus dem Rigveda)

Ganesha, der Gott allen Anfangs, ist unmittelbar mit dem Urlaut
OM verbunden, der Quelle, die alle anderen Laute in sich behei-
matet. Als heilige Anrufungsformel gesprochen oder gesungen
wird sie auch der Fährmann genannt: Ihr Klang und unsere
Versenkung darin bringt uns zum anderen Ufer –
zum Erleben des höheren Seins.

Im Flow der Wandlung

Ganeshas Tanz mit dem Kosmos

Sukhasana – Namasté
Glücklicher Sitz
Verbinde dich auf der tragenden Erde über die Wirbelsäule mit dem Universum und begrüße es mit Namasté over the head.

Paschimottanasana
Zange
Dehne in der Vorbeuge deinen Rücken, atme aus und lasse in Hingabe dein Ego los in das ewige Jetzt.

Trikonasana
Dreieck
Bleibe mit ausgebreiteten Armen offen für neue Möglichkeiten und lockere dabei innere Spannungen.

Vasisthasana
Seitstütz
Verteile dein Körpergewicht gleichmäßig in der seitlichen Bretthaltung. Hebe einen Arm Richtung Himmel und erfrische deine Gedanken.

Ardha Chandrasana
Halbmond
Schenke mit gut verwurzeltem Standbein dein offenes Becken dem Mond am Firmament.

Ardha Chandrasana

KRAFTVOLL NEUE WEGE GEHEN

Bhujangasana
Kobra
Richte deine innere Kobra mit langem Hals ruhig und zuversichtlich auf. Sie wird deinen Geist vitalisieren.

Wild Thing
Überschlag
Setze vom festen Fundament ein Bein in der Luft über die andere Seite im hinteren Nichts und dann zur Erde ab – mit weitem Herz.

Chaturanga
Brett mit seitlichem Bein
Schiebe ein Bein gestreckt auf Hüfthöhe in der Luft zur Seite und lege es auf der Erde ab. Lasse die obere Hüfte gelassen sinken.

Sukhasana – Namasté

Trikonasana

Paschimottanasana

Ganesha's Refresh

Beherzt zu neuen Ufern

Vasisthasana

Ardha Chandrasana

Bhujangasana

Wild Thing

Chaturanga

Vinyasa-Yoga
Im Fluss
der Veränderung

Let it flow

Der Spirit Ganeshas, sein Mut zur Veränderung, beflügelt auch Vinyasa-Yoga, bei dem nicht nur Asana in Asana, sondern Körper und Geist, Atem und Bewegung, Innen und Außen ineinanderströmen. Unser Üben entfaltet sich zu einem intensiven Erlebnis, zu einem dynamischen Verschmelzen von Atem, Asana und Bewegung. Es weitet sich zu einem inneren Fluss des Lebens, dem wir uns hingeben, bewusst im Hier und Jetzt, ohne Erwartungen ans Morgen oder an ein bestimmtes Ergebnis. Spielerisch erforschen wir dieses zeitlose Tun, in gegenwärtiger Freude am fließenden Sein. Das Strömende des Außen bündelt in uns Stille und Klarheit des Geistes zu einem nahezu meditativen Erlebnis: Verbinde nun deine Hände mit der Erde. Atme ein in den nach oben schauenden Hund, atme aus in den nach unten schauenden Hund, atme ein – wild entschlossen zum Überschlag – Wild Thing, atme aus in den nach unten schauenden Hund, wieder ein in den nach oben schauenden Hund …

Das Ende ist der Anfang. Vinyasa ist Meditation in Bewegung. Let it flow.

Alles was erscheint, erscheint nur im Wandel.

*My path is
to be in the living presence.* (Krishna Das)

GANESH CHATURTHI

Die Kräfte Ganeshas lebendig und spürbar zu machen, ist in Indien ein sinnlich-pulsierendes Ritual. Zehn Tage dauert Ganesh Chaturthi, das Tonfest und Geburtsfest des Elefantenköpfigen, das vier Tage nach dem ersten Neumond im August gefeiert wird. Überall im ganzen Land werden Ganesha-Statuen aus Ton aufgestellt. Für den häuslichen Altar, handtellergroße, für Tempel und öffentliche Verehrungen bis zu zehn Meter hohe. So beten die Gläubigen Ganesha an und offenbaren ihm ihre Wünsche, seien sie materiell oder spirituell. Am Ende der fröhlichen Feierlichkeiten wer-

den alle Tonfiguren in farbenprächtigen Prozessionen von den Menschen zum Meer oder zu Flüssen getragen und dort versenkt. Ein Ritual mit tiefer Symbolkraft: Der Ton löst sich im Wasser auf und vereinigt sich wieder mit der Natur. Alle Wünsche können frei aufsteigen und haben in dieser Form der Loslösung von allem Greifbaren die Möglichkeit sich zu verwirklichen. Gleichzeitig fließt Materie zurück in den Kreislauf der Natur, wird wieder zu Sediment, das dann als Ton erneut Gestalt annehmen kann. Sinnlicher kann das Prinzip »Stirb und werde«, in einem Festreigen eindrucksvoll zum Ausdruck gebracht, nicht zelebriert werden.

Atha –
die Zeit ist Jetzt

Malas on the Go

Mögen die Segnungen von Shri-Ganesha mit Euch sein

MIT INTENSIVEN RÄUCHERUNGEN UND PRÄCHTIGEN BLUMEN-MALAS, BLÜTEN, DIE ZU RITUELLEN ZWECKEN AUF GIRLANDEN GEFÄDELT WERDEN, WIRD DEM VIERARMIGEN GANESHA GEOPFERT. IN INDIEN BEGEGNET MAN NICHT SELTEN EINEM CHARMANTEN »HOMESERVICE«: AUF MOTORRÄDERN WERDEN DIE FLOWER MALAS ON THE GO DIREKT IN TEMPEL UND NACH HAUSE GELIEFERT.

Safran & Citrin

Safran – das rote Gold –, pure Inspiration für eine intensive Ganesha-Räucherung. Sein Rauch sensibilisiert für die feinstoffliche Welt, wirkt aufbauend und harmonisierend. Ein wunderbarer Duft-Türöffner für eine Meditation in Schwellensituationen hin zu einem neuen Lebensabschnitt. Der gelbe Kristallquarz Citrin fördert als Heilstein Motivation, Selbstvertrauen und Freude, den eigenen Lebensweg mutig zu beschreiten.

Om Gam Ganapataya Namaha

Ich verbeuge mich vor dem
großen Gott Ganesha,
der alle Hindernisse beseitigt.
Sein Segen schenkt meinem Weg
ein gutes Ende.

Merkur
Krishna
Lebensfreude

In Leichtigkeit und Freude

KRISHNA IST DER FREUNDLICHSTE UND ZUGÄNGLICHSTE ALLER HINDUISTISCHEN GÖTTER.
ER KAM ZU DEN MENSCHEN ALS ÜBERBRINGER DER FREUDE. WIE SEIN KOSMISCHER BRUDER
MERKUR, DER SCHNELL DREHENDE, IST ER GÖTTERBOTE UND WELTENLEHRER IN EINEM.
ER BRINGT UNS DIE SPIELERISCHE FREUDE, LEGT DAS UNBEWUSSTE FREI UND ÖFFNET
UNSERE SEELE FÜR DAS UNVORHERGESEHENE.

Nach den vedischen Schriften, den heiligen Schriften des Hinduismus, ist Krishna uneingeschränkter Ursprung allen Seins. Krishna, in dessen Namenssilbe »kris« sich die Bedeutung »anziehen« verbirgt, verkörpert den Mittelpunkt aller Dinge, aller Seelen, also Atman, das Ur-Ich-selbst. Sein Gottsein ist absolut, denn er ist nicht Teil der Schöpfung, sondern ist die Schöpfung.

Krishnas Abbild zeigt einen glutäugigen Jungen, voller gutmütigem Schalk, meist mit Flöte und Pfauenfeder geschmückt. Nach der Bhagavad Gita, die Hindus als die Quintessenz der Veden begreifen, durchdringt Krishna mit seiner positiven Ausstrahlung, der etwas kindlich Ausgelassenes anhaftet, alles mit Glückseligkeit. Er vertreibt das Böse und Widrige und kämpft für das Gute in geradezu naiver Konsequenz. In der Gita bringt Krishna in seiner Erscheinungsform als Gottesmensch seinem Schüler Arjuna die Weisheit des Yoga nahe.

Viele Namen gab man Krishna, der auch als der Dunkelblaue interpretiert wird. Neben Govinda, dem von Herzen Guten, sind da Gopala, der Beschützer der Kühe oder Bhagavan, Besitzer des Glücks. Der flinke, unerschütterlich gut gelaunte Gott Krishna verkörpert die Befreiung von eingefahrenen Ordnungssystemen. Er weckt unsere Neugierde und lässt uns aus dem Moment heraus handeln. Wie sein Spiegelbild im mythologischen Archetypenkreis, Merkur, der als geflügelter Götterbote die Sonne am Morgenhimmel ankündigt, ist Krishna der große ungestüme Erwecker der Spontaneität. Er setzt sich radikal für jedwede Freiheit ein, sei sie im Geiste, in der Liebe oder im täglichen Handeln. Dieses Prinzip, die Schöpfung als grenzenlose Kreativität selbst anzusehen, ist Lila, das göttliche Spiel, das Krishna vertritt. Er schafft mit seiner ausgelassenen Freude, dass sich die störenden Fesseln der Seele lösen. Im Sinne der allumfassenden Einheit aller Elemente weist er uns genauso auf einen achtsamen Umgang mit unserem Körper hin. Diesen erklärt Krishna im Lehrgespräch mit Arjuna zu unserem Tempel, dem Ort, wo Gott in uns wohnt, jenes Heiligtum, auf das wir achten müssen, das wir wertschätzen und rein halten sollen, damit wir uns daran mit allen Sinnen freuen können.

Beim Besuch in diesem Krishna-Tempel ließ der Priester verlauten, dass die Götter bis 17 Uhr schliefen. Die Tempelkuppe war in dieser Zeit mit heiligen Tüchern bedeckt.

Wenn Liebe alle Grenzen überspringt, erreicht sie die Wahrheit. (Kabir)

Die Flöte der Unendlichkeit spielt fort und fort,
und ihr Ton heißt Liebe. (Kabir)

ZAUBER DER LIEBE

Ein viel zitiertes Bild: der junge Krishna, der im Reigen von Hirtenmädchen aufwächst und ihnen Streiche spielt. Später werden aus den Spielkameradinnen fantasievolle Gespielinnen, die Gopis, unter ihnen seine Lieblingsfrau Radha. Sie ist Krishnas spirituelles Shakti, seine Energie. Das meint sowohl die geistige wie auch die erotische Komponente. Das handfeste Liebesspiel zwischen Krishna und dem Hirtenmädchen verkörpert die Liebe des Gottes zu den Menschen und umgekehrt die menschliche Sehnsucht nach der göttlichen Liebe. Tatsächlich animiert der menschenfreundliche Gott alle zum Tanz, wenn er sie auf einer Waldlichtung mit seinem Atem, der durch die Öffnungen der Flöte entweicht, verzaubert: Einer der Ursprünge, warum der tänzerische Ausdruck in Indien zur Leitkultur wurde.

Krishnas Haut schimmert blau, gelb ist sein Gewand. Auf dem Kopf trägt er eine Krone mit den Federn des Pfaus. Sie könnte Vorbild für das Hawa Mahal, den Palast der Winde in Jaipur gewesen sein. Der Lustbau, der in seiner Mitte fächerförmig ansteigt, ist mit unzähligen Jarokas, den typisch überdachten Balkonen, und mit den Kalashas, den Schmuckkrügen aus Gold überzogen, die im Hinduismus ein Glückssymbol sind. Der Erbauer Maharaja Sawai Pratap Singh war ein glühender Verehrer Krishnas.

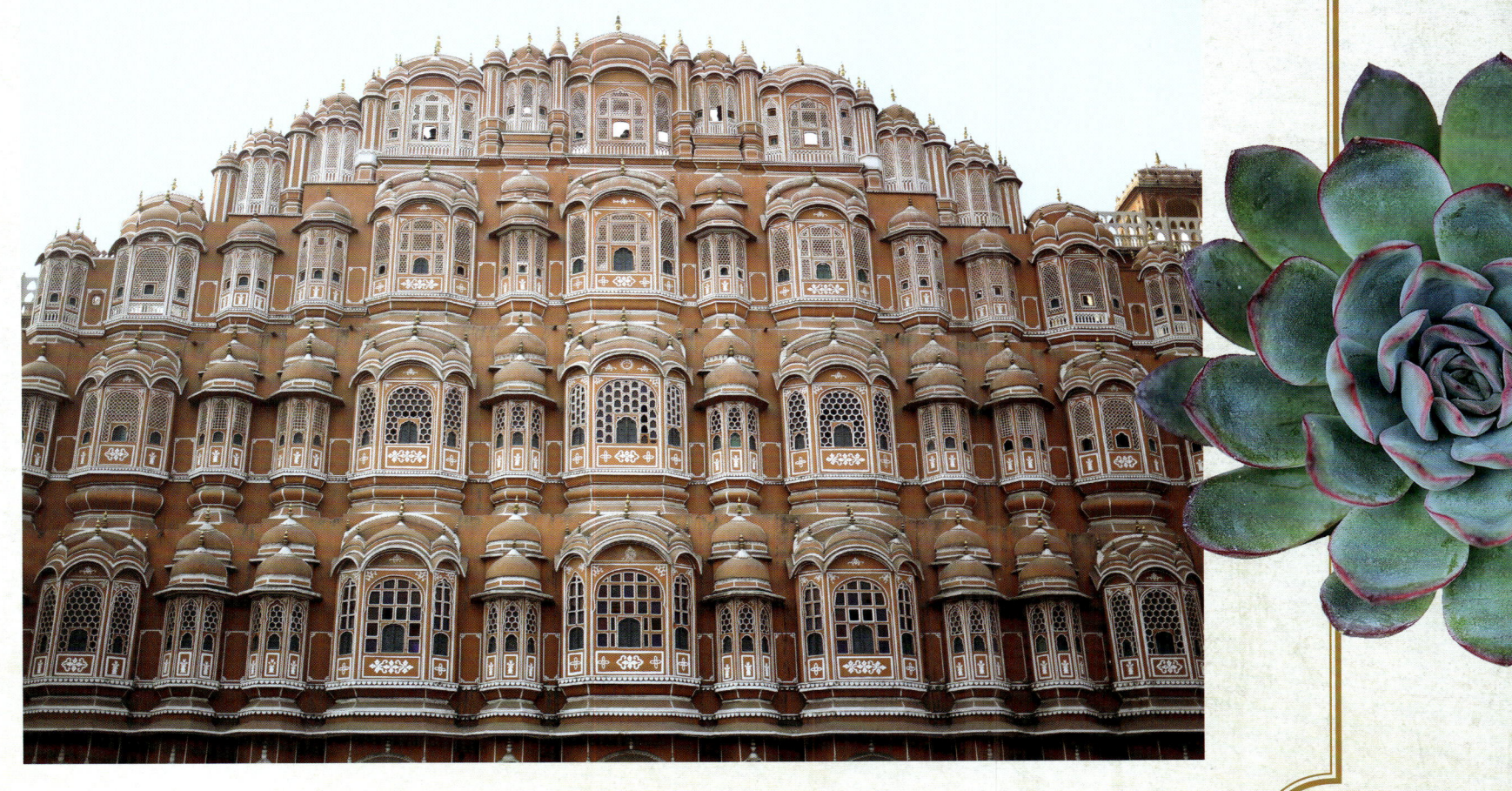

Mayura – unsterbliche Schönheit

Krishna hat wie viele andere indische Gottheiten einen tierischen Begleiter, eine transformierte Ergänzung seiner Persönlichkeit. Es ist Mayura, der Pfau, das Nationaltier Indiens. Bild für den Sieg des Guten über das Böse, vor allem aber ist er das Symbol für die Schönheit. In der Schönheit wohnt nach hinduistischer Lehre Gott, und wer der Schönheit ansichtig wird, erlebt einen heiligen Moment. Im Hinduismus steht das edle Tier und die kunstvolle Geste des Radschlagens für die Buntheit der Welt, die den Göttern Freude bereitet. Wer auf den Straßen Indiens einen männlichen Pfau sieht, wie er aus seiner Schleppe eine Federkrone formt, darf sich glücklich schätzen, denn er hat das

Göttliche erblickt. Besondere Symbolik liegt auf dem Pfauenauge, jener kobaltblau umringten Herzform am Ende der Federn. Dieses Auge ähnelt der Blauen Perle, dem Samen des Bewusstseins, das im Kronenchakra verankert ist und Erkenntnis und Wissen symbolisiert. Die Farbe Blau oder Violett steht für eine erweiterte Spiritualität, zigfach gesteigert durch den »Vogel der hundert Augen«.

Wenn Krishna und Radha auf einer Schaukel sitzend dargestellt werden, an deren Stützpfeilern Pfauen wachen, dann ist das ein Credo für ein verwirrend buntes Lebensspiel, in dem Gegensätze das Dasein bereichern.

Lass alle Schauben hinter dir

lodemdem Pfauenblau, dem Indigo seiner Augen, dem Safrangelb seiner Kleidung, dem Smaragdgrün seiner Tücher, und dem Lotusrot der Blumen wird er in all seiner Pracht dargestellt. Holi ist deshalb auch eine Anspielung auf Krishnas Jugendzeit, als er ausgelassen mit den Hirtenmädchen spielte und mit ihnen neckische Farbstreiche zelebrierte.

Holi ist auch ein sichtbares Beispiel des kosmischen Spiels «Lila», wenn Schöpfung als kreativer Schaffensrausch und spielerisches ist und Werden symbolisiert wird. Holi ist die große mythische Freudenfeier, die Farben ihr spiritueller Botenstoff zur Glückseligkeit.

FREUDENFEST HOLI

Es ist ein fröhliches Fest, das da fünf Tage nach Vollmond im Frühjahr gefeiert wird. Ein Fest, bei dem gesellschaftliche Schranken aufgehoben sind, jeder Streit begraben wird und man sich der Ausgelassenheit hingibt. Wenn während der Holi-Tage bunte Farbwolken aufsteigen und gefärbtes Wasser verspritzt wird, begrüßen die Menschen nicht nur die blühende Jahreszeit, sondern huldigen auch Krishna und seinem Credo, nur das Schöne und Gute zuzulassen. Krishna selbst hat das belebende Prinzip Farbe zu seiner Mission gemacht, in Verbindung mit schil-

Im Land der wilden Pfauen

Das augengleiche Muster der Pfauen-federn ist nicht nur im Hinduismus sym-bolisch verankert, im Abendland findet man den Pfau beispielsweise als Para-diesvogel wieder. Das vieläugige Halb-rund, das die Augen beim Radschlagen bilden, versinnbildlicht das Universum mit Sonne, Mond und Sternen und dem Himmelsgewölbe. Das schillernde Blau der Federn nimmt Krishna auf, der Blau-häutige, wunderschön kontrastiert durch sein gelbes Gewand. Die Farben erregen die Sinne und erweitern das Bewusstsein.

Der geschmückte Körper – göttlicher Tempel

Hennamalerei gehört zu indischen Feierlichkeiten
dazu. Kunstvolle Mehndis werden der Braut vor der Hochzeit
auf die Haut aufgetragen. Sie sollen ihr Fruchtbarkeit bringen. Dieses
Ritual hat Tradition, die Muster orientieren sich an altindischen Vorlagen
wie dem Paisley. Eine Weiterentwicklung der Bindis, der Stirnpunkte
die zur Betonung des dritten Auges auf das Stirnchakra gesetzt werden,
sind Körperbindis, kleine Schmucksteinchen, die an Schulter, Hals,
Bauch und eben Händen zum Einsatz kommen. Da beim
indischen Tanz die Handbewegungen einen wichtigen Teil
einnehmen, kommt den geschmückten Händen große
Bedeutung zu. Beim Holifest dürfen auch die
Bindis so bunt sein wie das Fest selbst.

Let's spread our wings
and let
our hearts fly

Beflügelndes Hari Om

Yoga in Leichtigkeit und Freude

Tadasana
Betender Berg
Tadasana – sei willkommen im Jetzt. Verweile fest verwurzelt und lass dabei Freude und Leichtigkeit fließen.

Sukhasana – Namasté
Glücklicher Sitz
Bringe in deinem inneren Raum das Krishna Mantra zum Tönen – mache ihn weit in Freude und Leichtigkeit. Hari Om.

Dancing Virabhadrasana
Tanzende Heldin
Führe deinen lang gestreckten Arm himmelwärts, atme tief in die Flanke. Spüre die meditative Balance mit dem Kosmos und dir.

Matsyasana
Fisch
Hebe den Oberkörper mit weit geöffnetem Brustkorb und richte dein Herz zur Quelle allen Lebens. Atme dich frei.

Uttanasana
Vorbeuge aus dem Stand
In tiefem Glauben an dich beugst du dich zur Erde. Mit dieser inneren Haltung schenkt Uttanasana dir Glückseligkeit.

Dancing Virabhadrasana
HINGABE IM FLOW DER FREUDE

Halasana
Pflug
Wie ein Pflug lockern deine Beine die Erde, um sie wieder fruchtbar zu machen für meditative Empfindungen.

Salamba Sarvangasana
Schulterstand cross legs
Schwinge die Hüften nach oben und lasse das Licht in dir gleichmäßig leuchten.

Niralamba Sarvangasana
Schulterstand-Balance
Strebe immer freier zum Himmel und löse die Arme vom unteren Rücken.

Tadasana

Dancing
Virabhadrdsana

Sukhasana –
Namasté

Uttanasana

Krishnas Tanz
Frei zum
Himmel streben

Matsyasana

Salamba
Sarvangasana

Halasana

Niralamba
Sarvangasana

Mayurasana

Schlage dein majestätisches Rad

Eine Million Augen

Die Rad schlagenden Yogis ahmen in Pincha Mayurasana – der Pfauenfeder – das sinnlich-prächtige Begleittier Krishnas nach. Die schillernden Augen, die sich beim aufgeschlagenen Pfauenrad öffnen, spiegeln die tiefe Aufmerksamkeit und Achtsamkeit wider, von denen Yoga-Praxis begleitet wird. Dies bedeutet nicht nur den feinen und konzentrierten Blick auf die korrekte Körperhaltung, sondern auch den Fokus auf die Chakren, die mit der Ausübung der Asanas aktiviert werden. Wie B.K.S. Iyengar sagt: »Da wir am Anfang stehen, befindet sich unser Intellekt ausschließlich im Ge-

hirn. Doch du musst eine Million Augen haben, verteilt über den ganzen Körper.«

Schöne Yoga-Sequenzen sind Ellbogenstand, Pincha Mayurasana und Handstand, Adho Mukha Vrkasana. Wenn wir unsere Beine mit mentaler Stärke nach oben schlagen, schulen wir nicht nur äußere und innere Balance. Wir lernen, unsere Angst vor dem Ungewissen zu überwinden. Fotos unten: Gebe dir bewusst »Rückhalt« in der Kutilangasana, der Schlangenhaltung, und in der Kobra-Vario.

Yoga is like music:

the rhythm of
the body
the melody of
the mind
and the harmony
of the soul
create the
symphony of life

(B. K. S. Iyengar)

In a gentle way
you can shake
the world (Gandhi)

Weg der Freude

Besänftiger aller Sorgen, lass mich dich schauen

KRISHNA HAT ALLEIN MIT DEM KLANG SEINER FLÖTENMUSIK DIE GOPIS,
DIE HIRTENMÄDCHEN VERZAUBERT, MIT SEINER MUSIK IHRE HERZEN IN VERZÜCKUNG VERSETZT
UND IHNEN FREUDE GESCHENKT. WIE SANFT DER WEG, WIE INTENSIV DIE WIRKUNG! MITTELS
SPIRITUELLER PRAXIS KÖNNEN AUCH WIR UNS DIESER BEFLÜGELNDEN LEICHTIGKEIT NÄHERN.
RÄUCHERUNGEN UND HEILSTEINE SIND DABEI UNSERE TÜRÖFFNER.

Beflügelnde Kreativität

Eine Räucherung mit Muskatellersalbei wirkt euphorisierend, schenkt Freude und Esprit. Sie ist ein hervorragendes Ritual, um erstarrte Lebenssituationen in Bewegung zu bringen. Alte Muster löst sie in Leichtigkeit auf und macht unseren Geist und unser Herz frei für Kreativität und Vision. Im Zusammenspiel mit einer yogischen Meditation verzaubert ihr Duft den Raum und bereitet uns auf unsere Reise ins Innere vor.

Die Energie des Jaspis

Der Energiestein Jaspis direkt am Körper getragen wirkt als erneuernde Kraft von Herz, Geist und Verstand. Er beschert Ruhe und tiefe Achtsamkeit, wodurch mehr Energien für Visionen und Ziele frei werden. Man schreibt ihm zu, das Verständnis für andere Menschen zu fördern, und damit den Austausch untereinander zu begünstigen. Hier spannt sich der Bogen zu Merkur, dem geflügelten Götterboten.

Govinda Jaya Jaya
Gopala Jaya Jaya
Radha Ramana Hare
Govinda Jaya Jaya

Gepriesen sei Govinda,
gepriesen sei Gopala,
gepriesen sei Hari,
der Radha verzückt.

HARI OM YOGA CENTER

Web.Site→WWW.brahmyoga.com

mo-9828462347

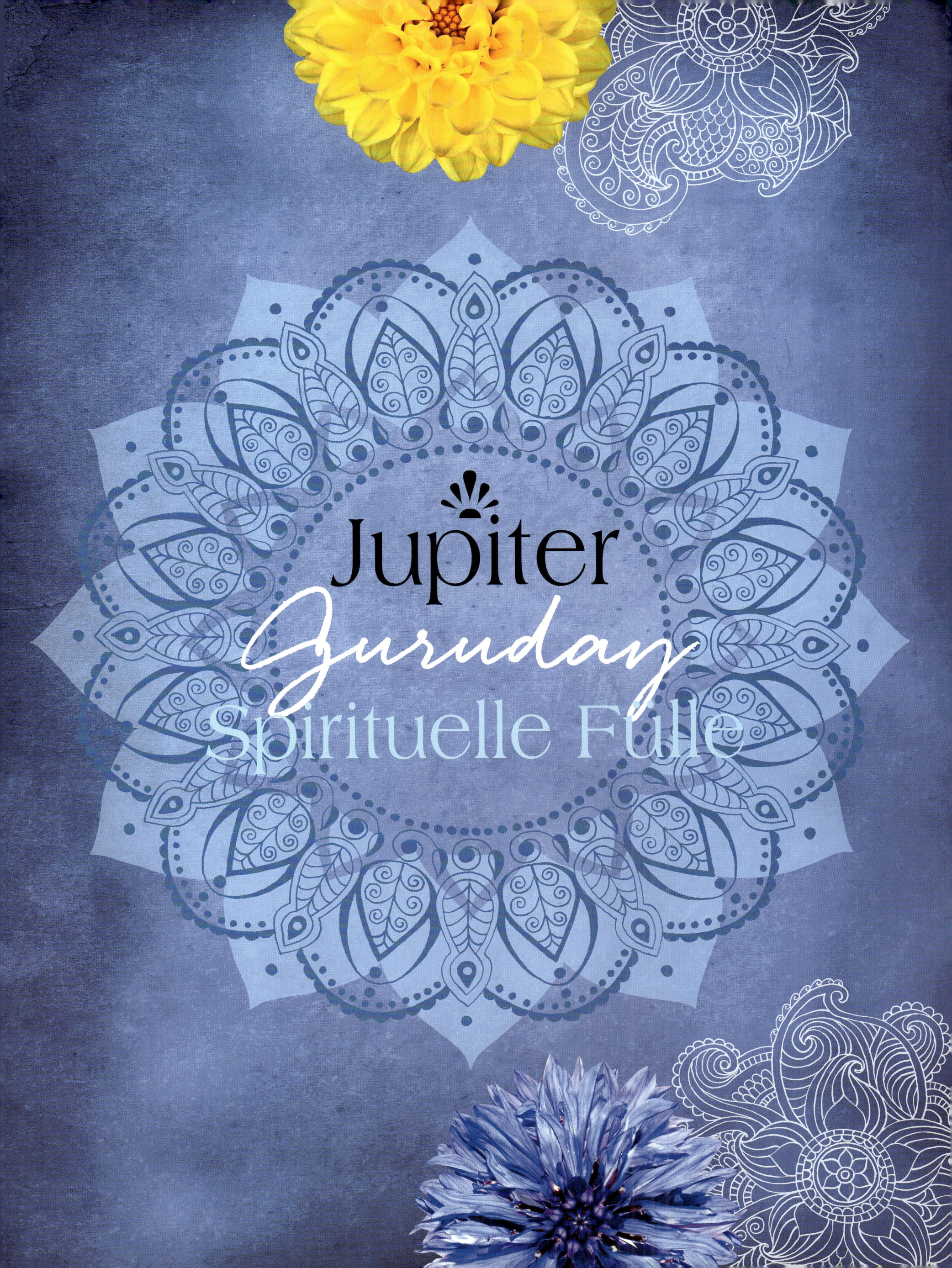

Jupiter
Guruday
Spirituelle Fülle

Touch the Cosmic Stars

IN DER HINDUISTISCHEN TRADITION SIND SPIRITUELLES LEHREN UND LERNEN
UNTRENNBAR MITEINANDER VERBUNDEN. LEHRER UND SCHÜLER BILDEN EINE LEBENDIGE
EINHEIT, UM WECHSELSEITIG IHREN INDIVIDUELLEN GEISTIGEN HORIZONT ZU ERWEITERN.
DIE LEHRER NENNEN WIR GURUS, SIE BEGLEITEN UNSEREN WEG ZU SPIRITUELLEM
WACHSTUM UND ZEIGEN UNS DIE UNENDLICHKEIT DER SEELE AUF.

Gurus, diese Herren und Meister der geistigen Entfaltung haben ihre kosmische Entsprechung in einem bewegungsreich auf Wachstum und Fülle angelegten Himmelskörper. Jupiter ist der astrologische Archetyp für all jene, die als spirituelle Wegbereiter wirken. Die Energien des Planeten, die Horizonterweiterung bedeuten und sich stets auf das große Ganze zubewegen, schlagen einen kraftvollen Bogen zu all jenen, die als Leitfiguren, als Gurus, geistige Orientierung versprechen. Der Donnerstag ist in Indien ihr Huldigungstag. GURUDAY heißt der Tag der Woche, an dem in besonderem Maße des Reichtums gedacht wird, den Gurus schenken können. Auch Jupiter, dem in der germanischen Götterwelt Donar, Thor entspricht, ist eng mit diesem Tag verbunden. Das Prinzip der Fülle, welches von diesem größten Planeten in unserem Sonnensystem ausgeht, dessen Oberfläche das beeindruckende »Rote Auge«, ein festsitzender Wirbelsturm, ziert, aber auch sein kreativer Freiraum bis hin zur geistigen Erweiterung, sind Vorbild für die weltlichen Vertreter.

Die ursprüngliche Bedeutung des Wortes Guru war »Lehrer« aber auch »sehr gewichtig«. Früher war meist der Vater der Guru, heute steht es jedem frei, seinen Guru zu suchen und zu finden. Guru wird man in Indien oft in traditioneller Abstammungslinie. Er wird als Nachfahre der früheren Seher, der Rishis, betrachtet.

Das Verhältnis Schüler zu Lehrer ist längst nicht mehr von der Ausschließlichkeit geprägt wie früher. Was geblieben ist, ist großer Respekt dem Lehrenden gegenüber und Vertrauen, das alle Ebenen des Seins durchdringen soll.

Auch die modernen westlichen Yoga-Meister stehen ganz in der Tradition der alten Yoga-Gelehrten und profitieren von deren grundlegender Arbeit. Dass Yoga heute in aller Welt eine so hohe Anhängerschaft hat und anerkannt ist, hängt gerade auch mit der Ernsthaftigkeit dieser großen Persönlichkeiten zusammen und dem Respekt, den wir ihnen als Horizont-Erweiterern erweisen. Große Yoga-Meister haben ihre Schüler angeleitet, die ihrerseits wieder die Weisheit des Yoga in die Welt gebracht haben.

Das Wissen der Gurus selbst ist nach vedischer Auffassung heilig, denn sie haben es übersinnlich erfahren oder von den Göttern erhalten. Sie erlösen ihre Anhänger aus der geistigen Dunkelheit, Avidaya, und formen ihre Schüler wie der Töpfer den Ton hin zu spiritueller Fülle.

*Andere erkennen ist weise.
Sich selbst erkennen
ist Erleuchtung.* (Laotse)

Ein Brahmane im traditionellen Lunghi verweist mit seiner Geste auf eine Welt ohne Anfang und Ende, auf den Glauben an den ewigen Strom.

Don't wait for a Guru.
Life is Your Guru!

आध्यात्मिक यात्रा मार्ग
SPIRITUAL WALK

LAND OHNE VORGEGEBENE WEGE

»Die Wahrheit ist ein Land ohne vorgegebene Wege«. Auch der große indische Weisheitslehrer Jiddu Krishnamurti wollte seine Gedanken nie als Lehre verstanden wissen, sondern als Anregung für das eigene Denken. Seine zentrale Frage war die nach dem Ich und der völligen geistigen Freiheit, die nur durch Meditation, nicht durch Denken oder Handeln zu erlangen sei: »Keine Methode, keine Religion, kein Lehrer kann zur Wahrheit führen. Jeder ist für seinen Weg verantwortlich.« Der indische Yogi, Dichter und Philosoph Sri Aurobindo versteht die Entdeckung der Wahrheit als einen Prozess in Bewegung, als einen Vorgang ohne Anfang und Ende, für den es gerade notwendig sei, dass Menschen zu unterschiedlichen Epochen und Zeiten auch unterschiedliche Erkenntnisse hätten.

Auch Swami Muktananda, Anfang des vergangenen Jahrhunderts in Indien geboren und »der Guru der Gurus« genannt, weitet unsere Perspektive, wenn er sagt: »Meditation ist keine Religion und auch nicht das Monopol eines Landes oder Glaubens. Sie ist ein Weg zum Frieden und für alle gedacht. Gott gehört allen gleich. Er ist in uns, wir sind in ihm.«

DON'T CALL ME A GURU

Ein spiritueller Lehrer würde sich nie selbst als Guru bezeichnen. Diese Wert(schätz)ung erfolgt immer von denen, die seinen Lehren folgen. Der tibetisch buddhistische Dalai Lama sagt: »Bringt eurem Guru keinen blinden Glauben entgegen, aber auch keine blinde Kritik.«

Der indische Asket und Pazifist Mahatma Gandhi bezeichnete sich selbst »als Wahrheit Suchender«, obwohl er so vielen Menschen als Leitbild diente, ja beinahe als Heiliger erschien. Mahatma – große Seele, mit diesem Zusatz tat sich der bescheidene Gandhi zeitlebens schwer.

B. K. S. Iyengar, einer der herausragendsten
Yoga-Meister weltweit, lenkte bei seiner Betrachtung des Spirituellen den Blick auf Exaktheit und Detail. In seinem Yoga kommt
es darauf an, in den Zellen Intelligenz zu erwecken und so den
ganzen Körper in den spirituellen Prozess einzubeziehen: »Wenn
du nicht die kleine Zehe siehst, wie kannst du dann das Selbst
sehen.« Und weiter: «Durch den Körper erkennst du, dass du
ein Funken des Göttlichen bist.« Wie T. Krishnamacharya und
Sri K. Pattabhi Jois, Asthanga Yoga Mysore und Sanskrit
Gelehrter, trug er dazu bei, dass yogisches Wissen
und spirituelle Praxis im Westen
Einzug hielten.

Geistige Versenkung

Als Begründer der Transzendentalen Meditation hat Maharishi Mahesh Yogi vor allem im Westen ein Imperium geschaffen, das sich mit geistiger und körperlicher Erneuerung beschäftigt. Er propagierte die Wiederentdeckung alten Wissens: von geistiger Versenkung und Askese bis zur ayurvedischen Lebensführung und dem täglichen Einsatz von Yoga. Maharishis Ansatz liegt auf der Meditation, durch die der Mensch – wie hier zu sehen – Geist und Herz auf eine Höhe erhebt, in der man wahres Wissen erfahren kann.

Alles ist eins, aber nicht dasselbe

Mit ihren Botschaften bürsteten indische Gurus und Yogis vor allem das gewohnte westliche Denken, das auf Profit und Leistung basiert, gegen den Strich. Die Lehren wurden gerne mit allerlei folkloristischem Beiwerk übernommen, von Schmuck bis Räucherwerk, von sanfter Musik bis Klangschalenromantik. Ganz im Gegensatz zu der indischen Tradition, wo das Guru-Schüler-Verhältnis deutlich straffer und weniger sanft ist. In Indien herrscht großer Respekt vor dem Guru, der deshalb keine atmosphärische Unterstützung braucht. Im Westen ist die Wiederentdeckung der hinduistisch geprägten Spiritualität exotisch dekorativ geprägt. »Das East goes West« wurde Kult.

PALM
READING
&
HOROSCOPE
MAKING
KNOW YOUR
FUTURE
PAST & PRESENT
BY AN
ASTROLOGER

CHARGES ACCORDING
TO
YOUR SATISFACTION

Gurus
öffnen Türen –
durchgehen musst
Du alleine

Lass göttliche Funken sprühen

Yogaflirt mit dem Guru in dir

Vrksasana

Baum

Verwurzle deinen Baum. Dann öffne dich in alle Himmelsrichtungen und verbinde dich mit kosmischer Energie.

Padmasana

Halber Lotussitz

Lass die beruhigende Wirkung des Half Lotus strömen. So kannst du dich ideal auf Meditation und Pranayama einstimmen.

Virabhadrasana I

Heldenhaltung I

Nehme beim Einatmen neue Erdenergie entlang der Wirbelsäule über Kopfkrone auf.

Yoga Mudra

Embryohaltung

Verneige dich aus dem Fersensitz vor dir selbst und erfahre, wie das Universum dich beschützt und tief umsorgt.

Salambha Sirasana I

Tripod I

Verbinde deine wertvolle Krone mit der Erde und genieße den Perspektivwechsel.

Ardha Matsyendrasana

Halber Drehsitz

Atme im Cosmic Twist über die Achse des Universums, deiner Wirbelsäule, ein, und vom Bauch in die Drehung wieder aus.

Salambha Sirasana II

Tripod II

Lass deine Beine step by step mutig zum Himmel wurzeln. Bleibe beim Aufsteigen ruhig und gelassen.

Salambha Sirasana

DIE INSPIRATION WECHSELNDER PERSPEKTIVEN

Eka Pada Koundinyasana

Einbeinige Haltung des Weisen

Lass Selbstvertrauen in der Armbalance wachsen und trainiere den Guru in dir.

Salambha Sirasana III

Tripod III

Halte, suche, finde deine Balance, indem du dich auf der Achse deiner Wirbelsäule und deiner Kopfkrone ruhig ausbalancierst.

Vrksasana

Virabhadrasana I

Salambha Sirasana I

Salambha Sirasana II

Salambha Sirasana III

Eka Pada Koundinyasana

Ardha Matsyendrasana

Yoga Mudra

Padmasana

Guru meets Jupiter
Horizonte weit öffnen

Body –
Heart – Mind
Yoga-Atmung

Im Dreiklang atmen

Mit dieser Yoga-Atmung öffnen wir Körper, Herz und Geist für die Erfahrung von Ganzheitlichkeit und Fülle.

1. *Body Energy:* Wir atmen im unteren Bauchraum tief aus und nach einer kurzen Pause wieder ein. Unser Bauch senkt und hebt sich und wird von warmer Energie erfüllt, die uns innere Ruhe schenkt.

2. *Balanced Heart:* Wir atmen im Brustbereich ein. Unser Brustbein hebt sich, der Brustkorb wird gedehnt. Der Atem führt in unsere Mitte und gibt uns das Vertrauen, dass wir uns hingeben und öffnen dürfen. Nach einer kurzen Pause lassen wir den Atem tief ausfließen.

3. *Free Mind:* Wir verlagern den Atem in den oberen Brustbereich. Das Schlüsselbein hebt und dehnt sich. Diese Bewegung öffnet unsere Wahrnehmung, wirkt befreiend und weitet unseren Geist.

Nun verbinden wir die Atemräume. Weiten beim Einatmen zuerst den Bauch, dann den mittleren Brustbereich und zuletzt den Schlüsselbeinbereich. Halten kurz inne und lassen beim Ausatmen zuerst den Bauch einsinken, dann den Brustbereich und schließlich die Schlüsselbeinregion. Body – Heart – Mind sind im Atem zu einem ganzheitlichen Resonanzkörper verschmolzen.

Ein Ewigkeitshauch ruht über allem und Friede erfüllt das Sein.

Vergesse nie
die Leiter,
die dich in die Höhe
geführt hat

(indisches Sprichwort)

Tempel
on the go

Götter sind überall

Indiens Götter werden in prachtvollen Tempeln
verehrt. Aber nicht nur dort! Das Göttliche ist sichtbarer Teil
des menschlichen Lebens. Auf Hausaltären, in kleinen Schreinen
am Straßenrand oder eben in fahrbaren Tempeln huldigt man ihm.
Oft sind es Zigeuner, die mit einer Art »Tempel-Riksha« über Land
fahren, sich mit Lautsprechern schon weithin hörbar ankündigen, an
einem Platz Halt machen und dann ihre Ladefläche öffnen, die
sich als bunter Altar, als üppiger Kosmos indischer Gottheiten ent-
puppt. Eine Donation Box nimmt die Opfergaben der
Gläubigen gerne auf. Krishna, Devi, Shiva, Hanuman –
hier sind es die Götter, die zu den
Menschen kommen!

Lebe und vertraue
dem 7. Sinn

Holy cow
Besuch im Tempel

Ong Namo Guru

Ich verneige mich vor dem Guru in mir.

Venus
Devi
Innere Göttin

Königin des Universums

DEVI, DIE GROSSE GÖTTIN, MAHADEVI, WIRD SIE AUCH GENANNT. WUNDERSCHÖN. REIN. SO SITZT SIE AUF IHREM KOSMISCHEN THRON. IST SCHÖPFERIN UND GEBIETERIN DES UNIVERSUMS. GEWÄHRT ALS GÖTTLICHE MUTTER ALLEN KREATUREN SCHUTZ. IN IHR VEREINEN SICH ALLE WEIBLICHEN GOTTHEITEN. SIE IST URGRUND DES DASEINS SELBST.

Statuen indischer Göttinnen spiegeln immer wieder einen anderen Aspekt der Mahadevi, der großen Göttin. Sind Verkörperungen der zahlreichen Erscheinungsformen der kosmischen Königin.

Der Morgenwind trägt mir den Hauch deiner Gegenwart zu. (P. Yogananda)

Devi, die in einer ihrer vielzähligen Erscheinungsformen Lakshmi-Devi ist, findet in weiblichen Gottheiten alter Mythen ihre Entsprechung. Die Namen lassen es bereits verlauten: Demeter, die griechische Göttermutter der Fruchtbarkeit, Diana, die römische Beschützerin der Jungfrauen, das englische divine, sie alle sind Devi verwandt und umgekehrt. Die Auszeichnung Lakshmi vereint lautmalend lux das Licht, und Lucia, die nordische Lichtgöttin in sich. Lakshmi-Devi, was auf Sanskrit Reichtum, Schönheit, Glanz bedeutet, gibt allen Göttern ihre Form, ohne sie wäre alles nichts. Als Devajani ist sie die göttliche Yoni, der Schoß, das Tor des Lebens, aus dem alles erschaffen wird.

Devi ist formgebend, schöpferisch und lichtmächtig: Wenn sie die Augen schließt, zerstört sie die Welt, die sie beim Öffnen der Augen in aller Schönheit wieder neu, ja formenreicher erschafft. Eine Göttin des Gebens und des Dienens. In Darstellungen strecken zwei ihrer geöffneten Hände segnend Lotusblüten zum Himmel, die zwei anderen Hände spenden den Segen in Form von Goldstücken nach unten. Sie »verschenkt« auch den Regen und ist mit ihrer Großzügigkeit eben auch die von Indern viel verehrte Göttin des Wohlstandes, unterstützt durch die beiden Elefanten, die sie begleiten. Als Göttin der Fülle und des Überflusses hält sie ihre segnenden Hände über alle Pflanzen, bringt Vermehrung und beschützt, was wächst.

Einst entstieg Lakshmi-Devi dem quirlenden Milchozean, Symbol für den großen Kampf der Götter und Dämonen um den Unsterblichkeitsnektar, Amrita. Das Fließen ist Devis Botschaft. Energie durch den Körper hindurchleiten, nichts festhalten, dafür steht sie mit ihrer göttlichen Mütterlichkeit. Dieses Lakshmi-Prinzip lehrt uns auch, das Heilende nicht für sich zu behalten, sondern es weiterzureichen, Licht zu schenken, ja zu dienen, indem das Gute und Schöne, die Liebe und die Wahrheit durch uns hindurchströmen, um den Weg zu einer höheren Wahrheit zu finden. Dabei bringt Devis Licht unser Herz zum Klingen, macht uns dankbar und offen, für alles, was jeden Tag auf uns zukommt. Sie hilft uns, Frieden mit uns selbst zu finden, und erlaubt uns ein »umarme dich selbst« mit viel Shanti.

Let your light shine!

FRUCHTBARE LEBENSSPENDERIN

Die Göttin, die so großzügig mit Schönheit, Reichtum, geistigem Wohlstand und dem heiligen Glanz umgeht, ist gleichzeitig auch die Beschützerin der Pflanzen. Ihr Sitz ist eine üppige Lotusblüte, damit zeigt sie irdische Präsenz. Begleitet wird Lakshmi-Devi in manchen Darstellungen von zwei Elefanten, die aus ihren Rüsseln Wasser über sie hinwegsprengen. Die Göttin selbst lässt es aus ihren Händen regnen. Manchmal wird Lakshmi-Devis goldene Krone sogar als Kalebasse dargestellt wie rechts im Bild.

Lakshmi-Devi ist aber auch Stilikone. Bindi, als drittes Auge getragen und Tilaka, der gemalte rote Punkt über der Nasenwurzel, gehören zu ihrem Körperschmuck, sind schützende Zeichen, die ursprünglich allein verheirateten Frauen vorbehalten waren. Heute stimmen – insbesondere in Städten – Frauen, ob verheiratet oder nicht, die Farbe ihres Tilakas modisch auf ihre Kleidung ab und bringen so altes mythisches Wissen und Jetztzeit zusammen. Auch die Mehndis gehen auf Lakshmi zurück, die mit den üppigen Hennaranken ein Zeichen für Fruchtbarkeit setzt.

Strahlendes Lichterfest Diwali

ALLJÄHRLICH ERSTRAHLT INDIEN. ENDE OKTOBER, ANFANG NOVEMBER, IM HINDUMONAT KARTIKA, WIRD DAS FÜNFTÄGIGE DIWALI GEFEIERT. DIPAVALI – DER WEG DES LICHTS – WIRD MIT DIESEM LEUCHTENDEN FEST ZELEBRIERT, DAS IN VIELERLEI HINSICHT EINEN NEUSTART FÜR DIE GLÄUBIGEN IN INDIEN BEDEUTET.

Geschäfte und Wohnungen werden herausgeputzt, neue Kleider angeschafft, sämtliche Lampen ausgetauscht. Die Häuser verschwinden unter gigantischen Lichterketten oder einem Kerzenmeer. Wenn am dritten Tag von Diwali der Göttin des Lichts und Wohlstandes gehuldigt wird, darf es keine dunklen Eingänge geben, denn Lakshmi-Devi besucht nur Häuser, die sie mit strahlender Aura empfangen. Neben dem rein materiellen Aspekt, von der spendablen Göttin Erfolg und ganz konkret gute Geschäfte zu erbitten, ist Diwali auch das Fest der inneren Erleuchtung. Die warmherzige Göttin ist die Beleuchterin der Seelen. Geht ihr Licht, ihre Energie durch uns durch, werden frische Kräfte freigesetzt und wird Platz geschaffen für Schönes und Neues. An Diwali legen Geschäftsinhaber neue Geschäftsbücher an und renovieren zu Ehren der großen Schutzgöttin ihre Räume. Für gute Einnahmen im neuen Jahr legt man ein Bild von Lakshmi auf die Bankunterlagen. Knall-

frösche, Papiergirlanden begleiten das Fest bunt und laut, Glücksspieler reizen die Großzügigkeit Lakshmi-Devis aus und spielen um viel Geld.

Und ja, es gibt auch den stilleren Aspekt des Diwali, wenn Lichterketten in Bäumen und auf Dächern eine Ehrung der Toten darstellen, ihnen den Weg ins Land der Seligkeit weisen. Auch das Willkommen an die schwarze Göttin Kali findet seinen Platz. Kali, die einem dunklen Spiegelbild der Lakshmi-Devi gleicht. Eine Überlieferung erzählt, wie die Göttin mit den langen Fangzähnen und der roten Zunge einst gegen böse Dämonen kämpfte, die das Böse und die Finsternis auf der Welt verbreiten wollten. So wird in manchen Teilen Indiens zu Diwali gerade ihr, der schwarzen Göttin gedacht. Tausende brennender Deepas, kleine Öllämpchen, sollen Kali in ihrem mutigen und rettenden Kampf zum Wohle aller unterstützen.

Om Mata, Om Kali

BEZWINGERIN DER DÄMONEN

So schrecklich Kali, die dunkle Göttin, anzusehen ist, mit der Schädelkette um den Hals, einem Rock aus abgeschlagenen Armen, einem toten Kind in einer ihrer vier bis zehn Arme und einer Sichel in der Hand – so verkörpert die wild agierende, dunkle Göttin doch den Aspekt der universalen Mutter. Sie zerstört, aber nur das Dunkle, das Ego, die Ignoranz. Sie ist schwarz, damit sie in der Dunkelheit sehen kann. Sie ist die Bezwingerin der Dämonen, deren Blut sie nach ihrem Sieg mit ihrer langen roten Zunge aufgeleckt hat. Für Yogis und spirituell Suchende repräsentiert Kali die Erleuchtung, denn sie nimmt das Dunkle, Unerklärliche und gibt den Weg frei für gute Kräfte.

Kali tritt aber eben auch als Mahnerin der Vergänglichkeit und Schöpferin auf. Die Knochen-Attribute und die Blutschale, die sie trägt, verweisen auf unsere Vergänglichkeit. Die Schädel, ähnlich dem barocken Vanitas-Symbol, verweisen auf unsere Endlichkeit. Die abgeschnittenen Arme stehen für das Abtrennen des Karmas. Kali zeigt mit jeder Faser ihres Erscheinungsbildes, dass das Leben ein fortwährendes Erneuern ist, mit all seinem Stirb und Werde. Kali ist die Freiheitskämpferin unserer Seele.

Indien hat
die Schönheit,
den Sari
erfunden

In Anmut und Schönheit

Wecke die kosmische Göttin in dir

Goddess
Betende Göttin
Balanciere die bewegliche Göttin mit nackten Füßen auf der Erde aus. Verbinde dich mit Anjali Mudra in deinem Herzen.

Vajrasana mit Yoni Mudra
Fersensitz
Kehre im Yoni Mudra deine Sinne nach innen und fühle Geborgenheit.

Natarajasana
Kosmische Tänzerin
In dieser schönen und anspruchsvollen Haltung verbindest du Kraft und Anmut zu einer göttlichen Symbiose.

Ardha Matsyendrasana
Halber Drehsitz
Strecke mit langem Rücken deinen Scheitel empor und spüre wie Körper und Geist sich entknoten.

Virabhadrasana III
Heldenhaltung III
Stabilisiere deinen inneren Held und spüre die Energielinie in deinem Rücken von der Ferse bis zu den Fingerspitzen.

Natarajasana
DAS KOSMISCHE HERZ WEIT ÖFFNEN

Dvi Pada Viparita Dandasana
Kopfstand-Brücke
Neue Ausblicke eröffnen sich dir und ein weit atmendes Herz erfüllt dich mit Lebensfreude.

Ustrasana
Kamel
Verlagere deinen Blickwinkel hinter den Körper, begegne der auf dem Kopf stehenden Welt und erfrische deinen Spirit.

Setu Bandhasana
Schulterbrücke
Hebe die Loving Bridge beim Einatmen mit schmalen Schultern an und senke sie beim Ausatmen zur Erde.

Goddess

Natarajasana

Vajrasana mit
Yoni Mudra

Goddess
makes love
Energetisierende
Sinnlichkeit

Ardha
Matsyendrasana

Virabhadrasana III

Dvi Pada Viparita
Dandasana

Ustrasana

Setu Bandhasana

Just breathe

Atme in den Raum der Stille

Glücksatmung der Lakshmi

Shri Lakshmi, Lotusbewohnerin und spirituelles Herz richtet je zwei ihrer Arme nach oben, zwei nach unten. So verbindet sie Himmel und Erde. Und zeigt, dass Energie da ist, um zu fließen. Liebe können wir empfangen, doch niemals festhalten. Im Atmen öffnen wir uns diesem Strom.

»Cosmic-Heart«-Atmung: Wir breiten in Rückenlage Arme und Beine aus und lenken unseren Geist auf unser Herz im Zentrum. Unsere Füße verbinden sich mit der Energie der Erde, unser Scheitel nimmt Himmelsenergie auf. Wir atmen siebenmal hintereinander ein tiefes »U« vom Herzen in die Füße aus. Gefolgt von einem hohen »I« vom Herzen zum Scheitel. Auch dies wiederum siebenmal. Über die Arme verbinden wir uns mit der Umwelt und begleiten das siebenmalige Ausatmen mit einem »A«. Zuletzt führen wir unsere Aufmerksamkeit zur Herzmitte und chanten siebenmal ein OM. Dem neu geöffneten Glücksraum in uns spüren wir noch lange nach.

Sanmukhi Mudra – Atmung des stillen Glücks: Wir schließen die Sinnesorgane, die sechs Tore, und begeben uns in tiefer Stille zu unserer inneren Quelle. Mit den Daumen verschließen wir unsere Ohren, um keine Geräusche zu hören. Die Augen bedecken wir mit unseren Zeigefingern, die Nase mit den Mittelfingern. Ringfinger und kleine Finger legen wir über den Mund, um diesen symbolisch zu schließen. Mit erhobenem Ellbogen atmen wir gleichmäßig und immer tiefer und tiefer im Sanmukhi Mudra. Wir genießen das Glück der Stille in uns selbst.

Aus der Fülle meines Herzens schöpfe ich üppig und reich.

Venusdüfte und Energiesteine

wecken die Kraft der Göttin in uns

FRANGIPANIBLÜTEN WERDEN DEN GÖTTERN GERN ALS WOHLRIECHENDE OPFER GEBRACHT.
IHR SINNLICHER DUFT MACHT SIE ZU WAHREN VENUSBLÜTEN. DIE BEI EINER RÄUCHERUNG FREI
WERDENDE AURA WIRKT GERADEZU EUPHORISIEREND UND SCHLIESST DAS HERZ WIEDER AUF
FÜR LIEBE UND ZUNEIGUNG: UNSERE WEIBLICHEN ENERGIEN KÖNNEN SICH ENTZÜNDEN
UND WIR TAUCHEN EIN IN DEN DUFT DER EWIGKEIT UND WIEDERGEBURT.

Steine der Göttinnen

Der rote Turmalin weckt unsere innere Devi, unsere Venus. Seit jeher wird er als Stein der Wahrheit und der Liebe verehrt. Er macht uns offen nach außen und fördert unsere Lebensfreude im Lieben. Unserem Herzen schenkt er mehr Ruhe und Harmonie. Der schwarze Turmalin ist einer der stärksten Schutzsteine gegen negative Energien und kann im Geiste Kalis seine intensive Wirkung entfalten.

Venus
lässt die Liebe knistern

*Om – Shri Maha
Lakshmyai Namaha*

Om, ich preise
die große Göttin Lakshmi,
die in mir die Fülle
meines Seins weckt.

Saturn
Hanuman
Willenskraft

Habe Vertrauen, dass alles gelingt!

ER IST DER SUPERHELD DER INDISCHEN GÖTTERWELT, HANUMAN, DER KRAFTVOLLE GOTT IN AFFENGESTALT, SOHN DES WINDGOTTES VAYU. IN DER KONSEQUENTEN ART SEINES HANDELNS STEHT ER SEINER KOSMISCHEN ENTSPRECHUNG, SATURN, IN NICHTS NACH. JENEM PLANETEN, DER DAS PRINZIP DES KONZENTRIERTEN DURCHHALTENS IN SICH TRÄGT. UND ZUGLEICH FÜR DIE ERNTE STEHT – DIE VERDIENTE ERNTE NACH BEHERZTEM EINSATZ.

Hanuman heißt auf Sanskrit »Kinnbacken habend«. Die Legende besagt, dass auch schon seine schöne Mutter eine Affenfrau war. Eine andere Legende berichtet von einem Unglück, bei dem Hanuman als Kind auf einen Felsen fiel, der seine Backe spaltete. Dem Gott in Affengestalt jedenfalls werden magisch-übernatürliche Eigenschaften zugesprochen, die Siddhis. Denn unendlich viele Gestalten kann er annehmen, sich winzig klein machen, riesig groß werden wie ein Berg. Brüllen wie der Donner. Mal ist er schnell wie der Wind, kann sogar fliegen, dann wieder entwickelt er unermessliche Kräfte, Kräfte derer es sich bewusst ist. Er ist der Schrecken der Dämonen.

So kraftvoll er handelt, so hingebungsvoll bleibt er dabei. Hanumans Mythos ist eng mit seiner Verehrung für Gott Rama verbunden. Ihm dient er selbstlos und loyal. Die Ramavana, das Epos um Rama, belegt die zentrale Rolle Hanumans, der immer wieder als Retter und Helfer seines Herren in Erscheinung tritt. Einmal sollte er dessen entführte Frau Sita zurückholen. Hanuman war der Erste, der ihren Aufenthaltsort ausfindig machte. Bei seiner Rettungsaktion sprang er geradewegs über das Meer von Indien nach Sri Lanka. Eine Bewegung, die der Spagat im Yoga sinnbildlich nachahmt. Zur Belohnung für seinen Einsatz schenkte ihm Rama die Unsterblichkeit und strafte jeden, der ihn enthehrte. Kraft, Sanftmut und Klugheit werden Hanuman zugeschrieben. Er macht das Unmögliche möglich. Wer ihn an seiner Seite hat, weiß, dass ihm alles gelingen kann. Dabei geht er seiner dienenden Aufgabe mit großer Hingabe, Bhakti, nach. Sein göttliches Wissen, Vidja, lässt ihn klug handeln und Bhava, die Liebe zu dienen, macht ihn bescheiden. Er strebt kein Lob für seine Taten an, sondern handelt aus Überzeugung. Ihn anzubeten ist daher in gewisser Weise Heldenverehrung und eine Verneigung vor der Selbstlosigkeit zugleich. Hanuman, der uns auch vor widrigen kosmischen Kräften schützt, gibt uns den Mut, die Dinge, die vor uns liegen voll Selbstvertrauen anzupacken – egal wie groß das Hindernis auch scheinen mag.

Ich bin furchtlos durch die Gnade von Rama. Ich fürchte den Tod nicht.

In Hanumans Herz wohnen Rama und dessen Frau Sita, denen er mit Hingabe, Bhakti, zugewandt ist und unerschrocken und selbstlos dient.

Unmögliches wird möglich
dank Hanumans Kraft der Hingabe.

WEG DER HINGABE

Die Darstellungen Hanumans zeigen einen muskulösen großen Gott mit breiter Brust und der Kinn- und Backenpartie eines Affen. Seine Augen, seine Stirn wirken überaus menschlich, die Augen haben einen warmen Blick. Seine Haut ist gelblich und in der einen Hand hält er eine Keule, Gada, die traditionell älteste Waffe der Inder. Kraftvoll steht sie für das unabänderliche Gesetz der Natur. In der anderen stemmt er einen mit Kräutern bewachsenen Berg in den Himmel.

Als Rama während der Befreiungsaktion seiner Frau Sita verwundet wurde, sollte Hanuman ganz bestimmte Heilpflanzen, die Sanjivant-Kräuter, von einem Berg im Himalaya besorgen. Da er an Ort und Stelle nicht wusste, welche Kräuter nun die Richtigen wären, nahm er kurzerhand den ganzen Berg mit. Rama suchte sich die entsprechenden Kräuter selbst aus und nach seiner Heilung brachte Hanuman den Berg wieder zurück an seinen Platz. So ist der Kräuterberg Sinnbild für Hanumans unendliche Kraftreserven und zugleich für seine Ergebenheit und grenzenlose Hilfsbereitschaft.

In neueren Darstellungen wird Hanuman mit einem offen liegenden Herzen gezeigt, in dem Rama und Sita wohnen. Hanuman selbst stellt seine emotionalen Bedürfnisse zurück, wenn es darum geht, seinem Herren und dessen Frau zu dienen. Ein Vorbild der Bhakti-Yogis! Als Erwachsener weiß Hanuman bescheiden mit seiner Kraft umzugehen, doch als Kind war er, der Spross eines Windgottes, ungestüm: So wollte er gar die Sonne vom Himmel nehmen und den Mond verspeisen. Daraufhin wurden ihm die Kräfte gedrosselt, er war nun einem normalen Affen gleich, kraftvoll, doch fern von übermenschlichen Energien. Erst wenn er Gott, Vishnu, auf Erden gefunden hätte, sollte er seine Kräfte wiedererlangen. Tatsächlich passierte genau das, als Hanuman auf Rama, eine Inkarnation Vishnus, traf und sein Leben in Hingabe ganz ihm schenkte.

Die Wandlung von übermütig zu menschengleich, zu gottergeben kennzeichnet die Entwicklung und letztlich Entfaltung der Seele. Genau im Durchschreiten dieses langen Weges des Yoga und der Hingabe ans Göttliche liegt auch die Quelle seiner übernatürlichen Siddhis.

Movement is Yoga

breath is yoga
movement is yoga
dance is yoga
music is yoga
sound is yoga
song is yoga
sleep is ypga
prayer is yoga
life is …
yoga and other joys.

(Jai Uttal)

Heilige Affen

Die Hanuman-Lemuren zählen zu der bekanntesten Affenart Indiens, sie werden vielerorts verehrt. Ihren Namen erhielten sie wegen ihrer schwarz-violetten Gesichter. Man sah in ihnen eine Ähnlichkeit zu Hanuman, der bei dem Befreiungsversuch Sitas, seinen verkohlten Schwanz in den Mund gesteckt hatte, um ihn zu löschen. Als Kulturfolger sind die Hanuman-Lemuren äußerst menschenfreundlich – auch das nährt ihren besonderen heiligen Status.

Over the
mountains

Du bist der Ursprung

Du bist der Ursprung –
ohne Anfang, Mitte oder Ende.
Deine Größe ist unbegrenzt.
Du hast unzählige Arme.
Die Sonne und der Mond
sind deine Augen.
Ich sehe loderndes Feuer
aus deinem Mund –
Du belebst das ganze Universum
mit deiner Energie.

(aus der Bhagavad-Gita)

Touch the Ground

Im Hier und Jetzt von der Erde getragen

Urdhva Hastasana
Gestreckte Berghaltung
Fest ruht deine Basis. Dein Geist ist zentriert auf das gleichmäßige Strecken deines Körperbogens.

Padmasana
Halber Lotussitz
Cool down in Padmasana. Erschaffe dir in konzentrierter Versenkung innere Harmonie und Klarheit.

Virabhadrasana II
Heldenhaltung II
Verstärkt deine Verbindung mit erdender Energie, während deine Arme furchtlos nach oben zeigen.

Eka Pada Koundinyasana
Einbeinige Haltung des Weisen
Begib dich in die Armbalance, dich selbst hingebend wie Gott Hanuman.

Ashwa Sanchalanasana
Reiterstellung
Schenk dir Zeit in der Vorbereitung auf Hanumans Sprung, den Spagat. Lasse deine Hüfte tiefer sinken.

Hanumanasana
SCHWERKRAFT, DIE VERFÜHRT

Ardha Matsyendrasana
Halber Drehsitz
Bringe das lodernde Hanuman-Feuer in deiner Bauchdrehung zum Strömen.

Hanumanasana II
Spagat
Die Schwerkraft verführt dich, tief und tiefer in die Haltung des Affengotts zu sinken.

Hanumanasana I
Spagat mit Klötzen
Begib dich getragen von Hingabe und Selbstvertrauen in die Hanumanasana I und spüre, wie du dabei über dich hinauswächst.

Urdhva
Hastasana

Virabhadrasana II

Padmasana

Hanumans Flow

Hingabe
fließen lassen

Eka Pada
Koundinyasana

Ashwa
Sanchalanasana

Ardha
Matsyendrasana

Hanumanasana I

Hanumanasana II

Prana
Göttliche Energie

Schutzherr des Pranayama

Nicht umsonst ist es gerade Hanuman, der Sohn des Windgottes Vaya, der uns mit Prana, der universellen Lebensenergie verbindet. Der Wind, von dem er stammt, wurde in vedischen Zeiten als der Atem des kosmischen Menschen angesehen. Er findet sich in Prana wieder, der allumfassenden Lebenskraft, die alles durchpulst und in Bewegung setzt. Die in allem ist, ohne irgendetwas zu sein. Die Welt und Kosmos zusammenhält. Die in jedem Atemzug liegt. Die uns mit dem Universum verbindet. Die Upanishaden sprechen von der Seele, Atman, oft auch als Prana.

Im Yoga existiert die Idee, dass jedes Lebewesen eine begrenzte Anzahl an Atemzügen zur Verfügung hat. Sind diese geatmet, ist es Zeit, das Irdische hinter sich zu lassen. Yogis praktizieren die Technik des Pranayama, der Atemkontrolle. Langsamer atmen verlängert also das Leben? Nicht die Lebenszeit ist gemeint, sondern vielmehr die Lebensqualität. Pranayama ist Dehnung der Lebensenergie. Wie wir es

auch in der furchtlos zum Himmel gerichteten Position des Kriegers oder in der hingebungsvollen Armbalance der Eka Pada Koundinyasana erfahren können.

Spirit in The Sky –
mit jedem Einatmen
Prana in sich aufnehmen

Auf der
höchsten Ebene
bin ich Du

Teil Gottes

Ein Gespräch zwischen Rama und Hanuman entschlüsselt uns das Geheimnis des Seins. Auf die Frage Ramas »Wer bist du? Wer ist da?«, antwortet Hanuman: »Auf der körperlichen Ebene bin ich dein Diener. Auf der geistigen Ebene bin ich ein Teil von dir. Auf der höchsten Ebene bin ich du.« Worte, die uns die Stufen unseres spirituellen Weges aufzeigen und uns Mut machen, diesen Pfad auch zu beschreiten.

Je stärker
das Vertrauen,
desto näher
rückt das Ziel

Sindoor
makes Lord Rama
happy

Feueratmung

Um unseren ganzen Körper zu reinigen und uns frische Energie zuzuführen wie auch Hanuman sie verkörpert, praktizieren wir Kapalabhati, die Feueratmung. Dabei atmen wir kurz und stoßartig durch die Nase aus, als wollten wir – einem Blasebalg gleich – ein Kaminfeuer entfachen. Das Einatmen lassen wir einfach von selbst geschehen. Diese Pranayama-Praxis lässt sich auch vorbereitend zu einer Meditationsübung wirkungsvoll einsetzen.

Om – Shri Hanumáte Namaha

OM und Ehrerbietung
an Gott Hanuman,
der durch die Kraft
grenzenloser Hingabe
Unmögliches möglich macht.

Ehre dir, friedliches Selbst,
Ehre dir, größtes Geheimnis,
Undenkbares, Unermessliches,
ohne Anfang oder Ende

(aus der Maitri-Upanishad)

Making of

गुरु कृपा

योग केन्द्र

YOGA CENTRE

MaharajaSpices

Cosmic-Yoga-Team

YOGA BEDEUTET FÜR **GABRIELA HAENSELER** TEILNEHMEN AM WUNDER DES LEBENS!

So vielfältig wie das Leben sind auch die Wege des Yoga, dessen ist sich die seit vielen Jahren praktizierende Yogini und Buchautorin aus München bewusst. Als Lehrerin, Mentorin und Coach begleitet sie Menschen im In- und Ausland in Kursen, Retreats und Einzelstunden auf ihren ersten, zweiten, dritten Schritten ins Yoga, die oft so einzigartig sind wie sie selbst. Führt sie hin zu einem authentischen Yoga, der die Herzen öffnet.

Mehrere Monate im Jahr verbringt Gabriela Haenseler in Indien, wo sie ausgebildet wurde, um sich immer wieder aufs Neue mit sich selbst, dem Land, seinen Menschen und seiner Spiritualität zu verbinden. Aus ihren inspirierenden Reisen wie aus ihrer eigenen Yoga-Praxis schöpft sie die begeisternde Gabe, den Spirit des Yoga als Ausdruck von Leichtigkeit und Lebensfreude an ihre Schüler und Leser weiterzugeben.

Stefane Barnes liebt Bilder. Sie sieht die Welt durch ihre Augen und mit dem Herzen; berührt sie etwas, drückt sie auf den Auslöser. Ihr geht es um das Gefühl des Augenblicks. Stefane Gruber hat Fotografie studiert, sie arbeitet aber vorwiegend mit der Filmkamera. Nach Indien trieb sie es, um Yoga zu üben. Die Fotoausrüstung hatte sie selbstverständlich im Gepäck.

Für **Christine Paxmann** ist Schreiben Meditation. Dabei sind die Genres, die sie bespielt, weit gefächert. Ein Lieblingsmotiv der studierten Grafik-Designerin und Germanistin seit jeher – die Mythen der Welt. War ihre erste Begegnung mit Yoga rein kulturwissenschaftlich, hat sie den Sonnengruß mittlerweile fließend ins bayrische Voralpenland integriert: Indien, wo sie gerne hin will und Oberbayern, wo sie mit Familie und Hund glücklich lebt, Yoga & Schreiben sind eine schöpferische Verbindung eingegangen. So inspiriert, hat sie zusammen mit Gabriela Haenseler deren Ideen ins Buch gebracht.

Nina Rode hat in Hildesheim Grafik-Design studiert. Nach ersten Etappen in einer Hamburger Werbeagentur ist sie heute als Selbstständige in Berlin kreativ. Die Asana-Illustrationen in »Cosmic Yoga« sind ihrer gestalterischen Feder entsprungen.

Gisela Rüger hat Grafik und Buchkunst in Leipzig studiert und lebt seit 1987 als freie Malerin, Grafikerin und Illustratorin in München. Sie hat »Cosmic Yoga« mit wunderbar inspirierten Planeten- und Mendhi-Illustrationen bestückt.

Dorothee Griesbeck ist Grafik-Designerin in München und gestaltet seit mehr als 25 Jahren Bücher und Publikationen sämtlicher Art. Mit feinen Sinnen hat sie in Layout und Satz dem Spirit von »Cosmic Yoga« ein einzigartiges Gesicht gegeben.

Danke …

… an die Yoga-Himmelsstürmer/innen Dr. Sandra und Dr. Jörg Widmann, Nicole Mohrmann, Olivia Schuff, Annette Kopp, Esther Freund und Michael Zirnstein. Danke meinen inspirierenden Freunden Yvonne Grevenitz, Babs und Felix Rubach sowie für die fantastischen Fotos Stefane Barnes und Matthias Lukoschek. Außerdem Stefan Oed, Dr. Susanne Weber, Renate Haidinger, Antje List, Pia Acquadro, Katja Luehrs, Uwe Czyganowski, Rolf Vasellari, Inge Holzbauer, Dr. Andrea Stadler, Anschana Gärtner. Danke an meine »Health«-Ritter Dr. Christoph Magura, Dr. Wolfgang Luppa und Thierry Paré. Für Spirit-Schmuck Cada. Für Kleidung Christa Karari/Pearl, Karin Bentele/Patina, Om Shanti-yogawear und Amelia Bolohan/Zeitlos entspannen. Yogischen Dank an meinen ersten langjährigen Iyengar-Yogalehrer Michael Forbes. Danke an meine vielen treuen Yogastudenten in München und Indien. Danke meinen Reiseabenteurern Christof Rabanus und George Din. Und my local Goa friends Lina Tuyenkar, Govind Kumar, Arti & Prince, Vijay Mangeshkar, Tommy-Manjit S. Sethi, Ramakrishna, Muschel Martin, Mike Hamkens, Hira & Lama & Chandra. Speziellen Dank an die mutige Lektorin Caroline Kaum, die mir Flügel verlieh und zu meiner sonnigen Cosmic-Weggefährtin wurde, und an die Geschäftsführerin Antje Wolf für die »toujours« Sonntagslaune. Kosmischen Dank an meine Mutter Senta, die mir bei diesem schönen Projekt wieder so nah auf Erden erschien. Außerdem meiner Multikulti-Familie im Allgäu. Danke an den BLV Verlag, der *Cosmic Yoga* mit Silber krönte und so »luxury & big size« machte. Danke an alle, denen Dank gebührt und die an der Entstehung dieses Buches beteiligt waren.

Impressum

Bibliografische Information der Deutschen Nationalbibliothek
Die Deutsche Nationalbibliothek verzeichnet diese Publikation in der Deutschen Nationalbibliografie; detaillierte bibliografische Daten sind im Internet über http://dnb.d-nb.de abrufbar.

BLV Buchverlag
GmbH & Co. KG
80636 München
© 2016 BLV Buchverlag GmbH & Co. KG, München

 www.facebook.com/blvVerlag

Bildnachweis
Florale Motive: Fotolia: av88; ksena32; maeklong; noppharat; olezzo; Peredniankina; serkucher; Tim UR; tr3gi; xiaoliangge
Fonds: Fotolia: malydesigner; visivasnc; wawritto

Alle Bilder Stefane Barnes, außer:
Gabriela Haenseler: S. 20 kl., S. 24 r.u., S. 25 (Einklinker), S. 40 r.u., S. 41, S. 42 u., S. 43 kl., S. 44 r.o., S. 45 (Einklinker), S. 53 gr., S. 60 r.u., S. 61, S. 62 r.o., S. 63 (Einklinker), S. 68 gr., S. 69 kl., S. 71 l.o., S. 75, S. 78 l.o., S. 80 kl., S. 81 r.o., S. 84, S. 90 l.o., S. 94 kl., S. 102, S. 103 li.o., S. 104 l., S. 105 gr., S. 106 l., S. 108 gr., S. 109 l.o., S. 115 r., S. 117 r.o. + l.u., S. 118, S. 119 l.o. + r.o., S. 118/119 (Hintergrundbild), S. 129, S. 130, S. 131, S. 133, S. 134 r., S. 135 M., S. 141 u., S. 142 l., S. 143 (Einklinker), S. 145, S. 146, S. 150 kl., S. 153 r.o., S. 158, S. 159 l., S. 161, S. 162, S. 163 (Einklinker), S. 167 gr., S. 172 r.u., S. 173 im Kreis M. + r.u., S. 174 r.u.

Babs und Felix Rubach: S. 15 kl., S. 106 r., S. 123 gr., S. 149, S. 150 gr., S. 155 (Einklinker)
Matthias Lukoscheck: S.4 r.o., S. 30 l.o., S. 39 o., S. 40 l.o., S. 44 l.o., S. 69 gr., S. 73 kl., S. 95, S. 154 l., S. 160 r.
Sigi Heidi Hohner: S. 132 kl.
Antje List: S. 9

Asana-Illustrationen: Nina Rode
Planeten- und Mendhi-Illustrationen: Gisela Rüger

Umschlagfotos:
Titelbild: iStock
Klappe vorne: Stefane Barnes (oben), Tim UR – Fotolia (Blüte)
Rückseite: Stefane Barnes
Klappe hinten: Babs und Felix Rubach (oben), Gabriela Haenseler (Mitte), Stefane Barnes (unten), xiaoliangge – Fotolia (Sukkulente)
Blauer Hintergrund: malydesigner – Fotolia
Illustrationen: Gisela Rüger

Idee, Konzept, Inhalte: Gabriela Haenseler
Textliche Gestaltung: Gabriela Haenseler, Christine Paxmann, Caroline Kaum
Projektleitung und Lektorat: Caroline Kaum
Herstellung: Angelika Tröger
Layoutkonzept Innenteil und DTP: Dorothee Griesbeck, griesbeckdesign, München

Gedruckt auf chlorfrei gebleichtem Papier

Printed in Germany
ISBN 978-3-8354-1331-3

Hinweis
Das vorliegende Buch wurde sorgfältig erarbeitet. Dennoch erfolgen alle Angaben ohne Gewähr. Weder Autorinnen noch Verlag können für eventuelle Nachteile oder Schäden, die aus den im Buch vorgestellten Informationen resultieren, eine Haftung übernehmen.

Von *Gabriela Haenseler* bereits erschienen:

Gabriela Haenseler
Yoga-Welten
Eintauchen in die magische Welt Indiens und in die Atmosphäre, Philosophie und Weisheit des Yoga. Ein opulentes Schatzbuch, das immer wieder neue Inspirationen und emotionale Eindrücke bietet. Gegliedert nach den Farben der Chakren – den körperlichen und seelischen Energiezentren des Menschen. Asanas, Meditationen, Rezepte, Yoga-Lebenswelt.
ISBN 978-3-8354-1176-0